文法化する英語

開拓社
言語・文化選書
47

文法化する英語

保坂道雄 著

開拓社

はしがき

　初めて出会う外国語が英語だったという方が大半だと思います。世界の共通語とまで言われる英語は，第一言語としている人口は約 4 億人と際だって多いというわけではありませんが，公用語・準公用語として使用している人口は約 21 億人とかなりの数に上ります。したがって，どの国に行っても，お互い相手の言語を話せない場合は，英語がその仲立ちをしてくれるわけです。

　そのためか，外国語とは皆英語のような特徴を持っていると思いがちになります。特に，文法は，ことばの根幹に関わる事項のため，英語で習った冠詞，進行形，完了形，助動詞などが，どの言語にも共通して存在するように感じてしまいます。しかし，振り返って日本語を見た場合，こうした文法事項が必ずしも普遍的でないことに気づきます。実は，英語にあっても，時代を遡ると，こうした文法事項が今と同じように存在したわけではなく，ともすると，現代日本語により近い文法構造を持つ場合も存在します。

　言葉は常に変化の最中にあり，まるで形を変えながら進化していく生き物のようです。本書では，英語の 13 の文法現象（冠詞，there, 所有格 -'s, 接続詞，関係代名詞，再帰代名詞，助動詞 DO, 法助動詞，不定詞，進行形，完了形，受動態，it）を取り上げながら，動的に変化するこうした英語の姿を，新しい視点で描くことができればと思います。

本書の内容は，主として，日本大学，神奈川大学等での講義，千葉大学等での集中講義に基づいており，英語の歴史に関する授業の副教材としても活用いただけるのではと思っています。英語の歴史を概説する良書はあまたありますが，文法化に特化して英語の文法現象をまとめて説明したものはこれまでなく，新たな英語の歴史観を感じていただければと思っています。

　本書の執筆にあたり，国内外で出版されている優れた英語史関係の論文および研究書を参考にさせていただきました。それらは巻末の参考文献に含めてありますので，英語史の知識を深める一助にしていただければ幸いです。なお，より専門的な文献については，参照しやすいように各章順に並べて提示してあります。

　本書の完成にあたって，原稿を通読いただき多くの貴重なコメントを下さった立正大学の児馬修先生に心より御礼申し上げます。また，古英語の例文を中心に貴重なご指摘をくださった慶應大学の小倉美知子先生，および草稿を丁寧に読み校正を手伝ってくれた今滝暢子さんに感謝いたします。さらに，本書執筆の機会を与えてくださった開拓社編集部，ならびに，川田賢氏に，深く御礼申し上げます。また，本年2月に逝去された恩師中島邦男先生のご指導に深く感謝するとともに，本書の出版が日頃から叱咤激励してくれた亡き父への恩返しとなればと願っております。最後に，いつも蔭で支えてくれた妻美和子と娘美都季に，私の初めての単著となる本書を捧げたいと思います。

　　2014年9月9日　横浜にて

　　　　　　　　　　　　　　　　　　　　　　　　保坂　道雄

目　次

はしがき　*v*

第1章　文法化と英語 ··· *1*
　1.　はじめに　*1*
　2.　文法化とは何か　*2*
　3.　英語の構造　*4*
　4.　英語の歴史　*7*
　5.　文法化を動かす「見えざる手」　*10*

第2章　冠詞の文法化 ··· *11*
　1.　はじめに　*11*
　2.　不定冠詞の歴史　*12*
　3.　定冠詞の歴史　*14*
　4.　冠詞の出現と文法化　*16*

第3章　存在構文における there の文法化 ······················ *20*
　1.　はじめに　*20*
　2.　There 構文の発達　*22*
　3.　虚辞 there の出現と文法化　*25*

第4章　所有格の標識 -'s の文法化 ······························· *29*
　1.　はじめに　*29*

2. 所有格の標識 -'s の文法化　30
  3. of 属格の発達　33

第5章　接続詞の文法化 …………………………………… 36

  1. はじめに　36
  2. 並列構造から従属構造へ　37
    2.1. 古英語における従属構造の発達　37
    2.2. 多様な接続詞の発達　39
  3. 接続詞の文法化　43

第6章　関係代名詞の文法化 ………………………………… 49

  1. はじめに　49
  2. 古英語の関係代名詞　50
  3. 関係代名詞 that の文法化　54
  4. WH 関係代名詞の発達　55

第7章　再帰代名詞の文法化 ………………………………… 58

  1. はじめに　58
  2. 古英語の再帰代名詞　59
  3. 再帰代名詞の文法化　62

第8章　助動詞 DO の文法化 ………………………………… 67

  1. はじめに　67
  2. 古英語の疑問文と否定文　68
  3. DO の文法化　70

第9章　法助動詞の文法化 ………………………… *74*
　1．はじめに　*74*
　2．現代英語の法助動詞　*76*
　3．法助動詞の文法化　*79*

第10章　不定詞標識 to の文法化と準助動詞の発達 ………… *87*
　1．はじめに　*87*
　2．不定詞標識 to の文法化　*88*
　3．for + 名詞句 + to 不定詞の発達　*91*
　4．準助動詞の文法化　*93*
　　4.1．be going to の文法化　*93*
　　4.2．have to の文法化　*97*

第11章　進行形の文法化 ………………………… *101*
　1．はじめに　*101*
　2．古英語の進行表現　*102*
　3．進行形の文法化　*106*

第12章　完了形の文法化 ………………………… *110*
　1．はじめに　*110*
　2．古英語の完了表現　*112*
　　2.1．HAVE 完了形　*112*
　　2.2．BE 完了形　*113*
　3．完了形の文法化　*114*

第13章　受動態の文法化 ………………………… *119*
　1．はじめに　*119*

2. 受動態の発達　*120*
   3. 受動態の文法化　*122*
   4. 二重目的語構文の受動態について　*125*

第14章　形式主語 it の文法化 …………………………… *129*
   1. はじめに　*129*
   2. 非人称構文の衰退　*130*
   3. 虚辞 it の文法化　*133*

第15章　文法化と言語進化 ………………………………… *138*
   1. はじめに　*138*
   2. 英語の多様な文法化　*138*
   3. 文法化と構造変化　*146*
   4. 言語の小進化　*150*
   5. 英語の格と語順　*153*
   6. おわりに　*158*

主要作品略語表 ……………………………………………… *159*

参考文献 ……………………………………………………… *161*

さらなる研究のために ……………………………………… *165*

索　引 ………………………………………………………… *173*

第1章

文法化と英語

1. はじめに

　英語であれ，日本語であれ，普段使っているときには，言葉に歴史があることなど，あまり思い至ることがないと思います。しかし，今ある言葉は長い歴史が織りなした結果であり，静かな水面に見えてもその底に大きな流れが存在する川のようなものです。

　では，この流れはどこに向かっているのでしょうか。これまでも，その行き先を探ろうとする歴史言語学の研究はあまたありました。本書では，Meillet (1912) に端を発し，実質的には，Lehmann (1982), Traugott and Heine (1991), Hopper and Traugott (2003 [1993]) 等でその姿を明確にした「文法化 (Grammaticalization)」の研究を土台に，英語という言語が，如何なる変化を遂げ，現在の姿となったかを，言語の構造的変化を中心に，考えてみたいと思います。

そこで，本章では，まず，文法化とはどのような現象であるかを解説し，また，各章を読み進める上で必要となる英語の構造と歴史についての基礎的知識を確認しておきたいと思います。

2. 文法化とは何か

文法化という用語が頻繁に聞かれるようになったのは 1980 年代からで，もう 30 年以上になります。その間，意味と構造の両面からの研究が数多く発表されてきました。特に，英語の歴史には多様な変化が存在していて，英語史研究からの知見は文法化研究に少なからぬ貢献をしてきました。

さて，文法化の変化には，ある一定の方向があると言われています。(1) は変化の一方向性についての主要な提案です。

(1) a. Meillet (1912)
   自立語 ＞ 文法的語
 b. Givón (1979)
   談話 ＞ 統語 ＞ 形態 ＞ 形態音韻 ＞ ゼロ形態
 c. Hopper and Traugott (2003)
   内容語 ＞ 文法的語 ＞ 接語 ＞ 屈折接辞

つまり，名詞や副詞といった自立した語が，文法的な役割を持つ語である冠詞や接続詞等に変化し，やがて他の単語の一部として機能する接辞（屈折語尾等）となり，最終的にその形態を失っていくという過程です。その際，重要な点として，もともとあった意味が希薄化し，ほとんど意味が漂白した状態で，文法的語や接辞

第 1 章 文法化と英語

になるという過程をあげることができます。ただし，こうした変化にはかなりの時間が必要であり，単一の言語ですべての過程を見通すことは難しく，語族内の変化という時間単位で見る必要があります。[1]

しかしながら，部分的な変化の過程については，英語の完了形の発達（所有を意味する本動詞 have から完了相を表す助動詞 have へ）や進行形の発達（存在を意味する本動詞 be から進行相を表す助動詞 be へ）など，単一言語の歴史の中でもさまざまな例が見られます。特に，英語の歴史では，先のような内容語から機能語への変化の例が多く観察され，本書の中心的研究対象となっています。

なお，(1) の形態統語的な一方向性とは別に，文法化には，(2) の意味変化の一方向性（主観化および間主観化）も観察されます。

(2) 命題的 ＞ 主観的 ＞ 対人的（間主観的）

たとえば，(3) に示すように，apparently という単語は，通時的に (a) から (c) への意味の変化が見られます。

(3) a. His ciphertext messages were *apparently* intercepted by the Kremlin.
 （彼の暗号文は**明らかに**ロシア政府に傍受されていた）

   b. *Apparently*, Sue is angry about the matter.
 （**聞いたところでは**，スーはそのことについて腹を立ててい

---

[1] ラテン語の指示詞 ille がイストリア・ルーマニア語の定性を表す格語尾 (cf. gospodar-i-*lor* 'of the bosses') となった変化やラテン語の動詞 habeo (=have) がフランス語の未来語尾 (cf. chanter*ai* 'will sing') となった変化等を挙げることができます。

るようだ)

c. Kenji looks about 20, but *apparently* he's still 14.
(健児は20歳くらいにみえるが,実のところまだ14歳だ)

つまり,(3a)では,動詞句を修飾する副詞としてのapparently本来の用法(「明らかに」を表す)ですが,(3b)では,「自分で確かめたわけではないが」という話し手の気持ちを伝える主観的な意味合いが含まれ,(3c)では,聞き手に対して,「思っていたことと違い,実は」という話し手の強い主張が現れています。なお,このような主観化の過程は,英語の法助動詞can(「できる」>「あり得る」)やmust(「しなければならない」>「ちがいない」)等の発達にも見られます(第9章で詳述)。しかしながら,こうした意味変化は必ずしも構造的変化とは重なりません((3)のapparentlyの場合はいずれも副詞)。本書では,文法化の中でも,特に構造的な変化を伴う場合を取り上げ,英語の通時的変化の深層にある変化の流れを捉えたいと思います。

3. 英語の構造

さて,構造的変化を観察するためには,その記述方法について,少し復習しておく必要があります。本書では,基本的に生成文法の言語構造記述を採用しています。(4)がその基本となる指定部,補部,主要部を持つXPの句構造(「Xバー理論」と呼ばれています)です。

(4)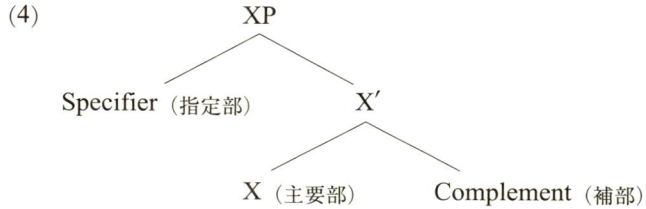

すべての範疇はこの構造を有していると考え，動詞句や名詞句は，(5) の構造となります。

(5) a. 名詞句の構造　　b. 動詞句の構造

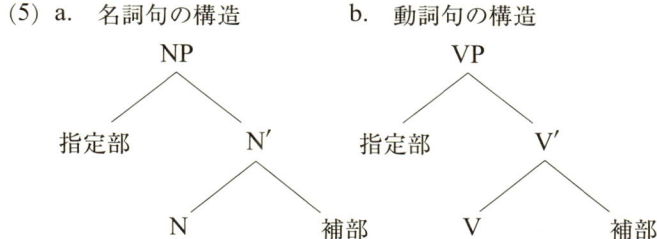

すなわち，名詞句 (Noun Phrase: NP) は，N (名詞) を主要部として，まず補部 (Complement) を取り，その構造が上位に伸び (「投射」と言います)，次に指定部 (Specifier) をとる構造を持ちます。動詞句 (Verb Phrase: VP) についても，まったく同様です。なお，NP には機能範疇 DP (名詞の定性を決める D (Determiner) を主要部とした構造) をその上位に想定することができ，VP には I (Inflection の略で，時制や一致等の屈折，および助動詞により具現化される) を主要部とした機能範疇 IP が上位に必要とされ，[2] また，そ

---

[2] 現在の生成文法では，TP (Tense を主要部とする機能範疇) を想定するのが一般的ですが，本書では，動的機能投射構造の観点から，あえてより汎用的

のさらに上位に C (Complementizer (補文標識) の略で, 接続詞や関係詞の that 等により具現化される) を主要部とした機能範疇 CP を想定することが可能です. 具体的には, (6) のような構造となります.

(6) a. The man may know that his proposal was rejected.
   b. [IP [DP [D′ the [NP man]]] [I′ may [VP know [CP [C′ that [IP his proposal was rejected]]]]]]
   c.

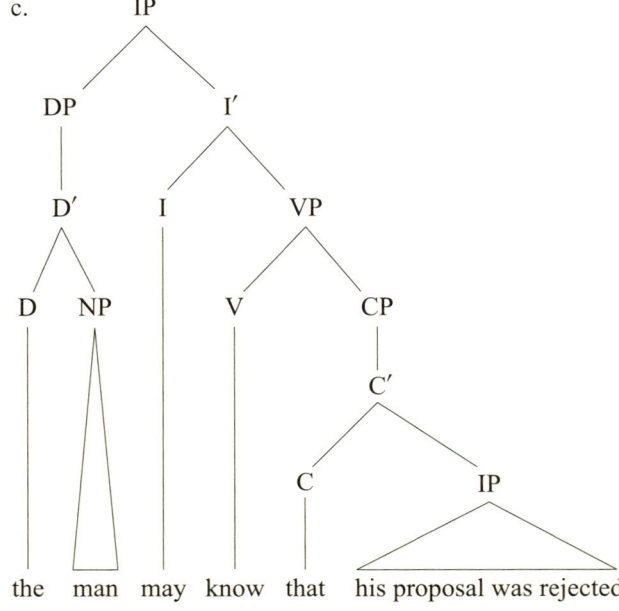

な IP を使用します (第 15 章参照).

つまり，(6) の文では，助動詞 may を主要部とする IP 構造が中心となっており，IP の指定部に主語の the man が，IP の補部に VP (know that ...) がきます。また，動詞 know は補部として CP をとり，その主要部が that で，補部が IP (his proposal ...) となります。主語の the man は，the を主要部とする DP でその補部には NP (man) がくるというわけです。なお，本書では，簡便な記述とするため，(6b) のブラケットを用いた表記を採用します。

　ここで，次章以降の文法化の議論で重要になることに，語彙範疇 (NP, VP, PP, AP) と機能範疇 (DP, IP, CP) の違いがあります。前者は語彙的な内容を持つ自立語で文法化の出発点となります。それに対し，後者は機能的な役割を持つ語で単独で存在することはできず，各語彙範疇をつなぐ役割をし，文法化の終着点ともいえる存在となります。第 2 章以降，英語の多様な文法化の姿を観察していきますが，常に機能範疇に向かう変化であるという一方向性が存在する点に注目していただければと思います。

4. 英語の歴史

　英語には，1500 年以上の歴史があり，一般的に，(7) の時代区分が採用されています。

(7) 　古英語 (Old English: OE)　　　　　　450 年〜1100 年
　　　中英語 (Middle English: ME)　　　　1100 年〜1500 年
　　　近代英語 (Modern English: ModE)　　1500 年〜1900 年
　　　現代英語 (Present-Day English: PDE)　　1900 年以降

なお，古英語は，449年のアングロ・サクソン人のブリテン島への侵攻から始まり，中英語は，1066年のノルマン人の英国征服 (Norman Conquest) を境に始まると考えられています。また，近代英語は，1476年の印刷術の導入を区切りとして設定されており，1500年から1700年を初期近代英語 (Early Modern English: EModE) として区別することがよくあります。その理由として，初期近代英語期は，イギリス文学の巨匠 William Shakespeare（1564年-1616年）の活躍した時期と重なると同時に，イギリスの文化に大きな影響を与えた欽定訳聖書 (The Authorized Version of the English Bible, 1611年) が誕生した時期でもあり，英語にとっても重要な時代だと考えられております。

各時代の英語の代表的姿を比較しやすいように，聖書の「主の祈り」の部分（マタイ伝6章9節～10節）を(8)に提示します。聖書の英訳は各時代に存在し，文脈が変わらないため，比較的容易に変化を観察することができます。

(8) a.　現代英語（TEV, 1966年）

Our Father in heaven: May your holy name be honored; may your Kingdom come; may your will be done on earth as in heaven.　Give us today our daily bread.

（天にましますわれらが父よ，願わくば，御名をあがめさせたまえ。御国を来たらせたまえ。御心の天にあるごとく，地にもなさせたまえ。我らの日用の糧を今日も与えたまえ。）

b. 初期近代英語（AV, 1611 年）

Our father which art in heauen, hallowed be thy name. Thy kingdome come. Thy will be done, in earth, as it is in heauen. Giue vs this day our daily bread.

c. 中英語（Wyclif, 1388 年）

Oure fadir that art in heuenes, halewid be thi name; thi kyngdoom come to; be thi wille don in erthe as in heuene; ȝyue to vs this dai oure breed ouer othir substaunce;

d. 古英語（WSG, 1000 年頃）

Fæder ure þu þe eart on heofonum, Si þin nama gehalgod. Tobecume þin rice. Gewurþe ðin willa on eorðan swa swa on heofonum. Urne gedæghwamlican hlaf syle us to dæg.

概観すると，文字・語彙・文法すべてにおいて，古英語は現代英語とは掛け離れた存在であることがわかります。どのような経緯を辿って，現代英語の姿になったかは，英語を学ぶ人たちにとって，大変興味深い点であると思います。もちろん，音韻，形態など幅広い見地からの考察が必要ですが，本書では，特に，統語（文法）面に注目し，その変化を見ていきたいと思います。その際，その変化を促す要因が文法化という過程の中に存在するというわけです。

5. 文法化を動かす「見えざる手」

　なぜ，文法化という現象が存在するかについては，さまざまな見解があります。たとえば，言語獲得時に生ずる再分析（子供が大人の言語に接し，大人とは異なる分析を行う），言語接触（他言語との接触の際に起こる言語変化），言語使用（話し手と聞き手の間での言葉のやり取りの際の経済性や明確性）等，その要因は多岐にわたります。しかしながら，不思議なことに，その変化には，前節で述べたとおり，ある一定の方向性が存在します。Keller (1994) は，言語変化の方向性を決めるのは「見えざる手（invisible hand）」[3] であるとし，これまでの歴史言語学の考え方に新しい視点をもたらしました。その「見えざる手」とはなんであるのか，英語の具体的な文法化現象の観察を通して，皆さんと一緒に考えてみたいと思います。

---

[3] アダム・スミスの『国富論』に現れる言葉で，「各個人が利益を追求することで，ひいては社会全体の利益となる状況が「見えざる手」によって達成される」という文脈で用いられています。個々の構成要素の意図とは関わりなく，全体がある一定の方向に収束するという複雑系科学の主張ともつながる考え方です。なお，本書では，英語の構造的変化を中心とするため，Keller の言語慣習の変化という主張とは異なる観点から論じていきます。

第 2 章

冠詞の文法化

1. はじめに

　英語に関わる仕事に長年携わりながら，正直，冠詞の用法にはいまだに自信が持てずにいます。英文を書き上げて，ネイティブ話者のチェックを受けると，必ずと言っていいほど，冠詞の部分に赤が入ってきます。でもなぜ英語の冠詞は難しいのでしょうか。(1) の日本語を英訳する場合を考えてみましょう。

　　(1)　手紙を出してくれる？

すると途端に，the を使う (2a) とすべきか，a を使う (2b) とすべきか，迷いが生じます。

　　(2)　a.　Can you post *the* letter?
　　　　b.　Can you post *a* letter?

冠詞の選択を行う場合，the は定まったものを意味し，a は不定な

ものを意味すると考えがちですが，さて，定・不定とは一体何を基準にして決めたらよいのでしょうか。実はその決め方は，文脈（文章の前後関係から会話の状況まで幅広い意味）によるので，(1) の日本語だけでは，(2a) にすべきか，(2b) にすべきか，決定することはできません。すなわち，話し手（書き手も含む）が聞き手（読み手も含む）もその実体を認識していると考えれば the を用い，認識していないと考えれば a を使うわけです。具体的には，すでに手紙を書いてあり，相手も手紙の存在を知っている場合は the を使い，まだ書いていない場合は a も可能となります。日本語では，どちらの場合も (1) の日本語で構いません。それは，冠詞という文法的存在が，英語にはあるが，日本語には無いからです。

しかしながら，英語の歴史を紐解いてみると，実は最初から英語にも冠詞が存在したわけではなく，古英語の時代には，(3) のように，可算名詞が無冠詞になることが頻繁に見られました。

(3)　ða　　geseah　ic　*duru*
　　　then　saw　　I　door　　　　　　　(CP 21.155.3)
　　　'then I saw a door'
　　　（その時私は入り口を見つけた）

本章では，なぜ英語が冠詞というシステムを発達させてきたのかを，文法化の視点から考えてみたいと思います。

2.　不定冠詞の歴史

英語学習の初期の段階から，不定冠詞にはなじみ深いことと思

います。(4) はよくある初歩の英文です。

(4) a. I bought *a* pen at the store.
    b. I ate *an* apple this morning.

pen の前では a となり，apple の前では an となるのはなぜでしょうか。子音の前では a，母音の前では an という答えでももちろん正解です。しかし，なぜ母音の前では n が付くのでしょうか。n があると発音がしやすいからという答えも考えられますが，なぜ他の子音 (m など) ではいけないのでしょうか。n である必然性とは何でしょうか。

そこで，a(n) の意味について考えてみましょう。(4) の場合，一本のペン，一個のリンゴという意味であり，a(n) が「一つ」を意味することがわかります。もうお気づきだと思いますが，数詞の one にも n があります。これは決して偶然ではなく，英語の不定冠詞の歴史は，(5) に示すものとなります。

(5) 不定冠詞の歴史

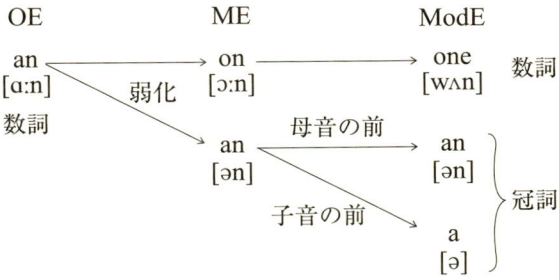

すなわち，現代英語の one, an, a は同語源の単語で，数詞として

生き残ったものが one であり，冠詞として使われるようになったものが，a と an というわけです。また，母音の前でなぜ n が残ったかというと，強勢のない単語となった an は発音が弱化し，子音の前では語尾の n が脱落したのですが，後ろに母音がきた場合は連音（前の音と後の音がつながって発音される現象）が生じて，n が残ったというわけです。なお，こうした n と母音との連音は，現代英語に奇妙な単語を生むことにもなります。たとえば，a nickname という単語です。実は古英語では，an eke name (one additional name という意味) という形だったのですが，中英語期に，誤って n のみを eke とつなげて綴ってしまい，nick という語が生じたと考えられています。当時は，文字を読める人は知識人に限られ，多くの人は耳だけで単語を理解していました。その結果，こうして誤って分析してしまう現象（「異分析」と呼ばれます）が生じたわけです。次に定冠詞の歴史について見てみましょう。

3. 定冠詞の歴史

　不定冠詞の a(n) は数詞から発達しましたが，定冠詞の the は指示詞からの発達となります。また，不定冠詞に比べ，定冠詞は古英語期にすでにある程度用法が確立していたようですが，当時もまだ指示詞と定冠詞の区別は難しかったと思われます。現代英語なら the が必須の sun や world 等も古英語ではしばしば無冠詞で使われていました。（6）が定冠詞の発達の歴史です。

(6) 定冠詞の歴史

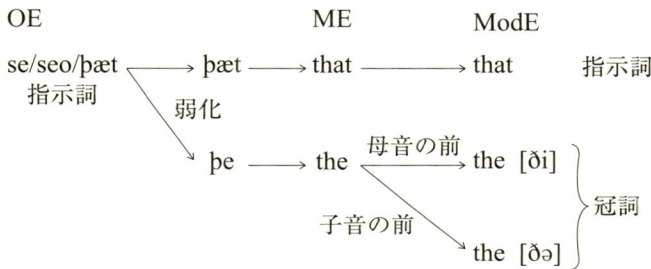

古英語においては，指示詞に三つの性があり，格変化も多様でした。se は男性主格，seo は女性主格，þæt は中性主格の形です。[1] やがて，性・数・格による屈折変化が衰退し，指示詞は þæt に，弱形の冠詞は þe（þ 形が類推による拡張により s 形を駆逐）となり，中英語期には，現代英語同様に that と the に分かれていきます。なお，現代英語では，発音は，母音の前では [ði]，子音の前では [ðə] となりますが，綴りは同一です。また，現代英語の方言において，tother（他方）という語が見られるのは興味深いことです。標準英語では the other ですが，中英語期に，þet oþer が異分析され þe toþer となり，16 世紀以降 þe が脱落し，tother という語ができました。an の異分析と同様の現象が the でも見られるというわけです。

---

[1] þ はゲルマン人たちが用いていたルーン文字の一つで，現在の th の音価（[θ/ð]）を表します。なお，その他の古英語に見られる特殊文字としては，ð（þ と同一の音価を持つ）や æ（現代英語の [æ] の音価を持つ）などがあります。

4. 冠詞の出現と文法化

　さて，文法化の観点から，不定冠詞と定冠詞の発達を検証してみたいと思います。まず，最初に注目すべき点は，音と意味の弱化です。数詞，指示詞共に意味がしっかり残る場合は音も強形で，それぞれ数詞の one と指示詞の that として現代英語に残ります。では，弱形となった an と the には何が起こったのでしょうか。意味も希薄で音も弱い存在は，そのままでは消滅してしまっても仕方がないと思われます。しかし，中英語の激動する変化（屈折語尾の消失やそれに伴う語順の固定化等）の中で，新たな役割を持つことになります。すなわち，語彙的意味は希薄化しましたが，機能的役割が新たな命を吹き込んだと言えます。その役割とは，話し手と聞き手の間の情報のやり取りを文法化するというものです。学校文法の観点からは冠詞の発達と言え，生成文法の用語を用いれば，DP（限定詞の句構造）の具現化と捉えることが可能でしょう。(7) がその構造変化です。

(7) a.　不定冠詞の構造変化
　　　　[NP an [NP book]]　＞　[DP a [NP book]]
　b.　定冠詞の構造変化
　　　　[NP þe [NP book]]　＞　[DP the [NP book]]

つまり，an にしても þe にしても，それまでは修飾語（「一つの」や「その」という名詞を修飾する語）であったものが，機能語として生まれ変わったと考えることができます。その結果，情報構造を明確化する役割を持つと同時に，義務的存在として確立し，現代英

語の可算名詞では，文法的に無くてはならない存在（*He bought book. は非文法的文）になったと考えられます。

　なお，なぜ情報構造を明確化する機能が必要となったかについては，形容詞や名詞の屈折語尾の消失と関係があると言われています。実は，こうした冠詞の発達は，英語ばかりではなく，ドイツ語等の他のゲルマン語にも見られた現象で，古くは，格によって情報構造を表現することが可能でした。(8) は Philippi (1997: 65) が挙げている例ですが，ゲルマン語の中で最も古い記録の残るゴート語（4世紀頃）の例で，属格（Genitive）を用いることにより新情報の名詞を，対格（Accusative）を用いることにより旧情報の名詞を導入することが可能であったと言われています。[2]

(8) a.　hvas haldiþ aweþi jah *miluks* þis aweþjis ni matjai
　　　　'who tends a flock and does not drink milk (GEN)
　　　　of the flock'　　　　　　　　　　(Gothic (K.IX.7))
　　　　（誰が（ひつじの）群れを世話し，その群れのミルクを飲まないだろうか）

　　b.　jah insandida ina haiþjos seinaizos haldan *sweina*
　　　　'and (he) sent him out to his field to look after

---

[2] 古英語においても，(i) では，属格が不定名詞を導入する方法として用いられていると考えることもできます。

(i)　... hwær hie *landes*　　　hæfden þæt hie　mehten an gewician,
　　　where they land(GEN) had　　that they could　on encamp
　　　　　　　　　　　　　　　　　　　　　　　　(Or2 5.46.11)
（どこで彼らが野営できる土地を見つけたか ...）

(the) pigs (ACC)' (Gothic (L.XV.15))

((その人は) 豚の世話をさせようと彼を農場にやった)

こうした屈折語尾の衰退の陰で，不定の意味を持つ数詞の an や限定的意味を持つ指示詞の se が情報構造を明示する機能を発達させたと考えられます。また，屈折消失に伴う語順の固定化もまた冠詞の発達の一因と思われます。すなわち，古英語では冠詞が無くても，(9) のように文尾にくる名詞に焦点の情報を，(10) のように文頭にくる名詞には主題の情報を付与することが容易に可能でした。[3]

(9) and heo cenð *sunu*.
 and she conceives a son (WSG, Mt. 1.23)

 (そして彼女は男の子を身ごもる)

(10) *Blindum* hi forgeafon gesihðe, *healtum* færeld,
 to the blind they gave sight to the halt gait
 deafum hlyst, *dumbum* spræce
 to the deaf hearing to the dumb speech

 (ÆCHom I, 36 489.109)

 (目に見えぬ者には見る力を，足の不自由なものには歩く力を，耳の聞こえぬ者には聞く力を，口のきけぬ者には話す力を，彼らは与えた)

---

[3] なお，Elenbaas and van Kemenade (2009) や Taylor and Pintzuk (2012) の研究によっても，VO と OV の両方の語順が可能な古英語において，旧情報を担う目的語は動詞の前に，新情報を担う目的語は動詞の後ろに置かれる傾向があることが確認されています。

つまり，古英語のように，屈折語尾がしっかりと存在し語順が比較的自由な場合は，情報構造を語順により明確にすることが可能でしたが，語順が固定化すると他の手段での情報構造の明示化が必要となり，その役割を弱化した数詞と指示詞が担ったと考えられるわけです。

　こうして，冠詞の発達は，英語が文法化という過程を経て，したたかに変化する様相を，私たちに生き生きと伝えてくれているのです。

第3章

存在構文における there の文法化

1. はじめに

　英語の there 構文は，英語学習のかなり早い段階で出現する構文ですが，実はその構造については現在も多くの議論があり，通時的にも興味深い点が尽きません。まずは，(1) の文の主語は何かを考えてみましょう。

(1) a.　There is a book on the desk.
　　b.　There are two books on the desk.

通常英語は動詞の前にある要素が主語になることが多いですが，(1) では，動詞 is, are の数の一致を考えると，それぞれ，a book, two books が主語である可能性もあると思われます。しかしながら，(2) の疑問文，不定詞構文，動名詞構文の例をみると，there が主語の振る舞いをしているとも考えられます。

(2) a. Is *there* a book on the desk?
   b. I think it's a pity for *there* to be any disagreement between us.
   （私たちの間に意見の相違があるのは残念なことだと思います）
   c. *There* being no rain, the ground was hard.
   （雨が降らないので，地面が固くなっていた）

すなわち，(2a) では，主語と be 動詞が倒置した疑問文（Are you a student? など）と同等となり，(2b) は不定詞の主語を for で表す構文（All I want is for *somebody* to be thinking about me. など）と，(2c) は動名詞の前にある名詞が動名詞構文の主語となる構文（I once heard of *a pilot* going mad in mid-air. など）と同様というわけです。一体これはどういうわけでしょうか？

また，英語で不定のものの存在を表す場合，通常 (3a) は不自然で，(3b) が使われ，特定のものの存在を表す場合は，(3c) は用いられず（* は非文法的文を表す記号），(3d) となります。

(3) a. ?A letter is on the table.
   b. There is a letter on the table.
   c. *There is the letter on the table.
   d. The letter is on the table.

こうした現代英語の文法的制約はどのようにして生まれたのでしょうか。英語の通時的変化の中で，考えてみたいと思います。

2. There 構文の発達

　古英語の時代に，there 構文があったか否かは議論が分かれるところです。Quirk (1951) や Breivik (1983) 等では古英語時代からあったと主張していますが，Mitchell (1985) や Nagashima (1992) 等では，古英語で there が現代英語と同様な形式語となっていたかについては，否定的な見解を示しています。いずれにしても，もともと場所を示していた there がその意味を希薄化し，やがて文法的機能を果たす語（これを「虚辞」と言います）になったという点は間違いないようです。

　確かに，古英語では，虚辞の there はまだ十分に発達しておらず，たとえば，(4) は，Hogg (1992: 218) にもあげられている例ですが，þær に場所の意味（þæt Estland）が存在し，(5) は，Mitchell (1985: §1496) の指摘している例ですが，現代英語なら最初の部分（下線部）に必要とされる虚辞の there がなく，代わりに，以下に続く節中に，場所を表す þær が 3 回使われています。

(4) þæt Estland is swyðe mycel, & *þær* bið swyþe manig
　　 that Estland is very　 large　　 there is　very　 many
　　 burh,　&　on ælcere byrig　 bið cyningc,
　　 a town and in each　of town is　a king　(Or 1 1.17.1)
　　 （エスト族の土地はとても広く，そこには多くの都市があり，その都市ごとに，王がいる）

(5) Witodlice on ðam to weardan life, ðe　　Maria
　　 Truly　　in the coming life,　　which Mary

> getacnode, ne beoð ðas neoda, ne ðas ðenunga;
> indicated not are those needs, nor those services
> **þær** we beoð gefedde, and we *ðær* nænne ne
> there we are fed and we there none not
> afedað; *þær* beð fulfremed þæt Maria her geceas,
> feed there is fulfilled what Mary here chose
>
> (ÆCHom II, 34 258.87)
>
> (しかし,マリアが示した来たるべき世界においては,こうした必要はなく,こうした務めも無い。そこには食べ物があり,そこでは誰にも施しの必要が無く,そこではマリアのここで選んだ行いはすべて満たされているのだ)

しかしながら,中英語期になると,明らかな虚辞の例が出現してきます。(6) は 14 世紀後半のウィクリフ聖書の例で,場所を表す there と共に虚辞の there が同時に使用されている例で,(7) は 14 世紀後半のチョーサーの例で,there 構文が疑問文で使用されています。

> (6) On the tother dai the puple, that stood ouer the see,
> on the other day the people who stood over the sea
> say, that *ther* was noon other boot *there* but oon,
> saw that there was no other boat there except one
>
> (Wyclif, Jn 6.22)
>
> (その翌日,湖の向こう岸にいた人たちは,そこに小舟が一艘しかないことに気づいた)

(7) "Is *ther* any thing thanne," quod sche, "that ...?"

(Ch Bo, BkIII, Prose 11.76)

(「では，... するものはあるでしょうか」と彼女は尋ねた）

こうした発達は，(8) の図にまとめることができます。

(8)
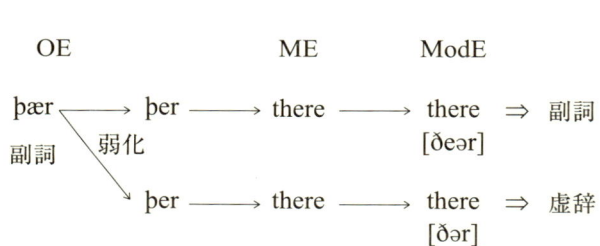

すなわち，古英語期の場所を表す副詞の þær から，意味と用法を保持した副詞の þer と意味の希薄化した虚辞の þer に分かれ，中英語期になって，虚辞の there が確立し，現代の there 構文ができ上がったと考えられます。

　さて，ここで，興味深い点は，前章でみた冠詞の発達とちょうど平行した変化が見られるということです。つまり，語彙的な存在であった数詞の an (=one) と指示詞の se/seo/þæt (=that) が，意味の希薄化と音韻的弱化を経て，機能的な存在である冠詞 a(n) や the となったのと同様に，語彙的存在である副詞の þær が，意味の希薄化と音韻的弱化を経て，機能的な存在である虚辞の there となったわけです。この変化はまさに文法化の一例であり，次節でより詳細に検討してみたいと思います。

3. 虚辞 there の出現と文法化

では、いかにして、意味の希薄化した there が虚辞の機能を得たのでしょうか。この点もまた、冠詞の発達との平行性がうかがわれます。不定冠詞・定冠詞の発達は、情報構造を明示化するための手段として、意味と音の弱化した a(n) と the が利用されました。同様に、虚辞の there は場所の意味を持たず、その機能として後続する要素に新情報がくることを明示する語として新たな命が吹き込まれます。

では、なぜ、この時期にこうした語の発達が必要だったのでしょうか。これもまた、冠詞の発達と重なる点で、当時、名詞の屈折語尾の消失と同時に語順の固定化 (SVX という、主語＋動詞が先行し、目的語や修飾語句が後続する語順) が進み、それまで普通であった (9) に見られるような語順 (XVS 等の倒置語順) による新情報の導入方法の利用が制限され、新たな方策として there による新情報の導入が選択されたものと考えられます。

(9) ?On the table is a book.[1]

こうした変化の様子が、(10) の Breivik (1989) の調査により、観察可能です。

---

[1] なお、現代英語でも、Across the street is a post. のような文がみられますが、提示的機能が強く感じられ (「ほら、通りの向こう側に、ポストがあるよ」)、通常の存在構文とは異なると考えられます。

(10) Percentage Changes in the Various Types of Existential Sentence in Periods I-IV (Breivik (1989: 44))

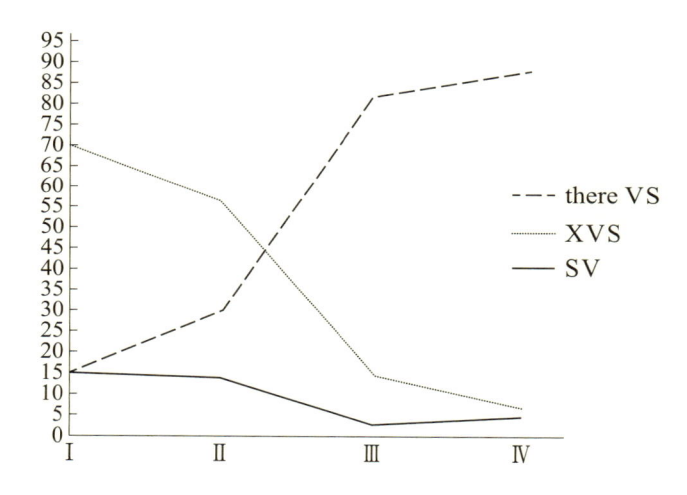

(I = Old English, II = Early Middle English,
III = Late Middle English, IV = Early Modern English)

すなわち，中英語期にこれまで主流であったXVSによる新情報の導入方法が，there VSへと取って代わられたと考えられるわけです。こうして，現代英語にて，thereは新情報導入の役割を担うこととなり，(3b) のように，新情報の名詞の存在は，there + beによって導入されるという文法的制約が生まれたというわけです。

さて，ここで，最初に提示したthereの主語性の問題に戻りたいと思います。ここにもまた，冠詞の発達との平行性がうかがえ

ます。前節で冠詞が機能語化した際，構造的には，名詞の外延にある機能構造 DP の一部となったことを論じました。では，文についてはどうでしょうか。実は生成文法の理論では，VP の外延に機能範疇 IP および CP が存在すると仮定しています。その仮定に基づくと，(11) のような構造変化が想定できます。

(11) [$_{VP}$ there [$_{VP}$ NP be]] > [$_{CP}$ there [$_{C'}$ be$_i$ [$_{VP}$ NP t_i]]] > [$_{IP}$ there [$_{I'}$ be$_i$ [$_{VP}$ NP t_i]]]

すなわち，もともと VP の修飾句であった there がまず機能範疇 CP の一部である指定部に生じるようになり (there が話題の役割を持ち，VP 以下が焦点となる構造の出現)，やがて IP の指定部へ再分析されたと考えられるわけです。また，IP の指定部は主語の位置でもあり，there が統語的に主語の地位に就いたことも，この構造変化により説明することが可能となります。なお，(12) のように，VP 内にて be と NP の間で数の一致の情報交換が行われていると仮定すると，[2] (1) で提示した問題も自然と解決できると思われます。

(12) a. [$_{IP}$ there [$_{I'}$ is$_i$ + I [$_{VP}$ a book t_i on the desk]]]

b. [$_{IP}$ there [$_{I'}$ are$_i$ + I [$_{VP}$ two books t_i on the desk]]]

---

[2] なお，IP と VP の間に，他の機能投射構造が介在し，そこで数の一致が行われているという可能性もあります。

すなわち，意味的な主語は VP 内にて定義され，構造的な主語は IP 内にて定義されるというわけです。こうして，文法化が機能範疇の発達に深く関わることが，虚辞の発達からも例証されます。

第 4 章

所有格の標識 -'s の文法化

1. はじめに

　現代英語には，主語になる名詞は主格，目的語になる名詞は目的格，所有の意味を持つ名詞は所有格という三つの格があると言われています。しかしながら，代名詞を別にすれば，(1) に見られるように，主格と目的格には識別可能な形態的特徴が存在しません。

　(1)　*The boy* fell in love with *the girl*.
　　　（少年はその少女と恋に落ちた）

一方，所有格については，(2) に見られるように，-'s という標識が存在します。

　(2)　John*'s* reaction was a complete contrast to Tom*'s*.
　　　（ジョンの反応はトムのものとはまったく対照的だった）

さて、この -'s とは一体何でしょうか。現代英語でのアポストロフィーという記号は、(3) のような場合にも用いられます。

(3) a. I'*ll* take the girl to the party.　She'*s* very pretty.
　　　　（あの子をパーティーに誘おう。とても可愛いからね）
　　b. If I'*ve* told you once, I'*ve* told you a thousand times.
　　　　（何度言ったらわかるんだ）

お察しのとおり、(3) の場合、アポストロフィーは縮約記号((3a) では will と is の縮約形、(3b) では have の縮約形) としての役割を果たしています。では、(2) でも何らかの縮約があると考えられるのでしょうか。たとえば、John's reaction は John his reaction の his が縮約されたというのはいかがでしょうか。

　実際、アポストロフィーが使われるようになった 17 世紀後半には、こうした推察（この現象は「his 属格」と呼ばれています）が、-'s の普及を加速させたとも言われています。もちろん、この記号は his の縮約ではなく (Mary's reaction とも言えますので)、古英語の属格形の名残と考えられます。しかしながら、主格や目的格の屈折が消失したのに、なぜ属格だけがその形態を残したのでしょうか。その謎を解くために、所有格の標識 -'s の文法化の過程を探ってみたいと思います。

2.　所有格の標識 -'s の文法化

　まず、古英語の格（主格（主語）、対格（直接目的語）、与格（間接目的語）、属格（所有格））について、概観しておきたいと思います。

(4) は古英語の代表的な名詞の格変化[1] です。

(4) 古英語の名詞の格変化

		男性	女性	中性
単数	主格	stan (=stone)	giefu (=gift)	scip (=ship)
	対格	stan	giefe	scip
	属格	stan**es**	giefe	scip**es**
	与格	stane	giefe	scipe
複数	主格・対格	stanas	giefa	scipu
	属格	stana	giefa	scipa
	与格	stanum	giefum	scipum

さて，ここで現代英語の -'s と関わるのは，男性名詞単数属格および中性名詞単数属格の -es です。つまり，これらが現代英語の -'s の起源ということになります（なお，男性名詞複数主格・対格の -as が現代英語の複数語尾 -(e)s の起源となります）。しかし，なぜ，属格だけが形態的にその姿を残したかは，依然謎のままです。

ここで，中英語以降に観察される興味深い現象があります。

(5) a. The grete god of Love*s* name

（偉大なる愛の神の名前）

b. The blonde I'd been dancing with'*s* name was Barnice something

---

[1] (4) の名詞の変化は強変化と呼ばれ，nama (=name) や sunne (=sun) 等の名詞は，弱変化という異なる格変化のパラダイムを持っていました。

(私が踊ったブロンド女性の名はバーニスなにがしだった)

(5) はいわゆる群属格 (Group Genitive) と呼ばれる現象で, 1単語の屈折ではなく, 句全体に属格の標識が付くというものです。(5a) は中英語 (チョーサー) の例で, Loves の -s は, Love だけが所有格になっていることを示すのではなく, the grete god of Love 全体が所有格となっていることを示します。また, 現代英語では, (5b) に見られるように (サリンジャーの作品からの用例です), -es が節レベルまでをも所有格化する力があり, もはや単語の屈折語尾とは考えられません。[2] 実は, こうした群属格が可能になった段階で, -'s は屈折形態から機能範疇の要素へと文法化されたと考えられます。(6) が -'s の文法化の過程です。

(6) 所有格の標識 -'s の文法化

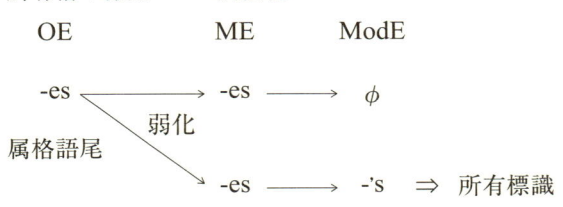

```
        OE           ME          ModE
        -es  ───→   -es   ───→   φ
                 弱化
   属格語尾
                 ───→   -es   ───→   -'s   ⇒   所有標識
```

すなわち, もともと属格接辞であった -es が, 中英語期に所有を

---

[2] なお, 群属格の起源については, (i) の古英語の分離属格 (属格名詞が被修飾語の前後に分かれて現れる現象) からの発達と考えられますが, 中英語以降, 後位属格を of 属格で置き換えた (ii) の例が多くなり, やがて (5a) の群属格へと発達したとされています。

(i) Ælfredes swestor cyninges (= Alfred's sister king's > King Alfred's sister)

(ii) þe kinges suster of France (= the king's sister of France > the king of France's sister)

表す標識として再分析され，現代英語に残っていると考えられるわけです。また，本来の格屈折語尾としての機能は，主格や与格という他の形態格の消失と同時に，格パラダイムとしての存在価値を失い，現代英語には残っていないと考えられます。なお，こうした変化は，一見，文法化の一方向性（語彙的要素＞文法的要素＞接語＞屈折接辞）に反する例のように見えますが，実は，文法化の構造変化の一方向性に包含されています。

(7) 所有格の標識 -'s の構造変化
   [$_{NP}$ N + es] ＞ [$_{DP}$ N [$_{D'}$'s]] ＞ [$_{DP}$ N(P) [$_{D'}$'s]]

つまり，名詞の屈折接辞が，DP の主要部に再分析され，その指定部に N だけが入っていた段階から NP へと拡大され（(5a) の段階），やがて関係節等の付加部に修飾された NP もこの位置に生起可能になった（(5b) の段階）と考えることができるわけです。こうした構造変化は，冠詞の文法化とも平行的であり，機能的要素へ向かう変化という文法化の一方向性に合致しているわけです。

3. of 属格の発達

日本語の「犬の足」，「机の脚」を英訳すると，(8) となります。

(8) a.　a dog's leg（犬の足）
　　 b.　the legs of a desk（机の脚）

さて，なぜ，「犬」の場合は所有格で，「机」の場合は of 前置詞句

を用いて，英訳されるのでしょうか。これは，いわゆる有生性の問題で，生物名詞は所有格にできるが，無生物名詞は所有格を避けられるという原則です。しかしながら，なぜこうした原則が存在するのでしょうか。

　実は，これもまた，英語の歴史に関わる問題で，古英語では名詞の格変化が豊かであったため，語順が比較的自由で，名詞を属格で修飾する場合，N's N でも，N N's でもどちらも許容されており，[3] 無生物を表す名詞の属格は被修飾語の後位置を占めることが比較的多かったようです。それが中英語期になると，格の水平化とともに，of 属格が増加し（Fries (1940) によると，12 世紀で s 属格対 of 属格の割合が 93.7％対 6.3％だったものが，13 世紀前半に，68.6％対 31.4％，14 世紀には，15.6％対 84.4％と激変する），それに伴い，生物名詞と無生物名詞の所有格の形式が分かれたと言われています。

　しかし，なぜ，s 属格が存在していたにもかかわらず，of 属格が急増したのでしょうか。その理由の一つが，(7) で示した属格形態の構造変化です。すなわち，中英語後期には属格形態 -es は屈折接辞としての地位を失い，DP の主要部となったため基本的に後位修飾はできなくなり，迂言的方法としての of 属格が増加したと考えられます。なお，古英語の属格形と指示詞は共に修飾

---

[3] Fries (1940) によると，属格と名詞の語順の変化は，以下のとおりでした。

	900	1000	1100	1200	1250
N's N	52.4％	69.1％	77.4％	87.4％	99.1％
N N's	47.6％	30.9％	22.6％	12.6％	0.9％

語であったため，(9a) のような属格と指示詞の連鎖が可能でしたが，現代英語では，共に DP の主要部として再分析されたため，(9b) の属格と指示詞の連鎖を禁じる制約が生じたと考えられます。

(9) a.　ðas mine word（= these words of mine）
　　b. *these my words

of 属格の発達は，こうした語順の制約を回避する方策としても役立つことができたわけです。

第5章

接続詞の文法化

1. はじめに

接続詞には，and や but 等の等位節を導く等位接続詞と，before や when 等の従属節を導く従属接続詞があります。本章では，複文構造を生み出した従属接続詞に焦点をあてて，その英語における発達について議論したいと思います。

(1) の文の after に注目してみると，after dinner の場合は前置詞で，after I wash the dishes の場合は接続詞と考えられます。

(1) I watch TV for a little while *after* dinner and read a book *after* I wash the dishes.
(夕食の後少しだけテレビを見て，食器を洗った後で本を読む)

こうした前置詞と接続詞が同形のものは，before, since, as, till などの例が見受けられます。一方，when, because, while 等には対応する前置詞がなく，(2) における now や instantly 等は副詞

36

と同形ですが，従属節を導きますのでやはり接続詞の一種と考えられます．

(2) a. *Now* you are older, you must do it by yourself.
(もう大きいのだから，自分でしなさい)
b. *Instantly* he saw me, he called my name.
(私を見るやいなや，彼は私の名を呼んだ)

また，(3a) の that は指示代名詞ですが，(3b) の that は接続詞です．

(3) a. I know *that*.
b. I know *that* she is a medical student.

このように，多くの従属接続詞は他の品詞の語と重複しているのはなぜでしょうか．

2. 並列構造から従属構造へ

2.1. 古英語における従属構造の発達

ことばの変化を，数千年単位でとらえた場合，(4a) のような並列構造（単文の連鎖）の言語表現から (4c) のような従属構造の言語表現へと発達してきたと考えられます．

(4) a. John came home.　　Then he found no one there.
b. When John came home, then he found no one there.
c. When John came home, he found no one there.

二つの文を繋げる場合，その接着剤の役割として接続詞が必要であり，その出現は従属構造の発達に付随するものと考えられます。ただし，こうした発達はかなり初期の言語の段階にさかのぼる必要があり，古英語の段階ではすでに従属構造がかなり発達していたと思われます。しかし，(5), (6) のような例は，時を表す従属構造が，古英語期においてもなお発達が続いていたことを示唆しています。

(5) Đa   geseah se Hælend mycle menigeo ymbutan
    then saw   the Lord   much multitude about
    hyne, þa   het   he hig faran ofer þone muþan.
    him   *then* ordered he them go   over the mouth
    　　　　　　　　　　　　　　　　　　　　　　(WSG, Mt 8.18)
    (イエスは，自分を取り囲んでいる群衆を見て，弟子たちに向こう岸に行くように命じられた)

(6) And þa   þæt win   geteorude, þa   cwæð þæs
    and *when* that wine ceased   *then* said the
    Hælendes modor to him, Hi   nabbað   win.
    Lord's   mother to him, they have-not wine
    　　　　　　　　　　　　　　　　　　　　(WSG, Jn 2.3)
    (ぶどう酒が足りなくなった時，イエスの母が彼に「ぶどう酒がなくなりました」と言った)

(5) では，文頭の þa が副詞 (then) として用いられて並列構造をとっていますが，(6) では，文頭の þa が接続詞 (when) として使

われ,従属構造をとっていると考えられます。その証拠の一つは語順にあり,(5)では,文頭のþaの後ろがVSとなっているのに対して,(6)ではSVとなっています。古英語では,þa V Sは主節を,þa S ... Vは従節を表す傾向があり,þaの機能的曖昧性が回避されています。なお,þaの接続詞として用法は,OED (*Oxford English Dictionary*) によると1425年が最後の出現例となっており,この頃よりwhenの接続詞用法が広まっていくのと時期が重なります。では,古英語以降,どのように接続詞が多様化してきたかを概観してみたいと思います。

2.2. 多様な接続詞の発達

英語の多彩な接続詞が発達してきた代表的な過程に,副詞からの発達,名詞からの発達,前置詞からの発達,代名詞からの発達があります。

(7)は副詞が接続詞になった例です。

(7) a. We wyllað *nu*　eow gereccan oðres mannes
　　　 we will　*now* you explain　of　　another man's
　　　 gesihðe, ðe unleas is, *nu*　se　apostol paulus his
　　　 vision　 which is true *now* the apostle Paul　his
　　　 gesihðe mannum ameldian ne　moste,
　　　 vision　 to men　announce not might
　　　　　　　　　　　　　　　　　　(ÆCHom II, 22 190.16)
　　　(今はもう聖パウロが彼の見た幻影を人々に告げることができないので,別の人が見た真なる幻影について,あなた方に

語って差し上げましょう）

b. I have notted my head *nowe that* sommer is come.

(1530, OED s.v. *now*)

（今はもう夏なので，髪を短くした）

c. *Now* you are retired, you can travel more.

（もう退職したので，もっと旅行ができるでしょう）

(7a)の古英語の段階では，nu..., nu... という並列構造も観察されており，やがて，(7b) にみられるような中英語期の now that（副詞＋接続詞 that）を経て，現代英語の now 単独での接続詞用法が可能になったものと思われます。

次に，名詞が接続詞になった while の例を見てみます。

(8) a. &   wicode þær   þa hwile þe   man þa   burg
       and   camped there that time that one that fortress
       worhte   &   getimbrode at Witham
       worked-on and built   at Witham

(ChronA 913.8)

（そして，ウィサムで城が建てられている間，そこに野営していた）

b. *Whiles that* Jhesus spak thes thingis to hem, lo! a prince cam. (Wyclif, Mt 9.18)

（イエスが彼らにこれらのことを話している時に，見よ，ある指導者がやってきた）

c. While Jesus was saying this, a Jewish official came to him, (TEV, Mt 9.18)

(8a) の古英語の þa hwile þe ... は that time that ... にあたり，hwile は名詞の対格の形で，副詞的に用いられていて，「... という時／間に」という意味を表します。中英語では，while that のように接続詞 that と共に用いられるようになり，現代英語では，that のない接続詞の while となりました。このような名詞が接続詞になったものには，(9) の the moment 等も含まれます。

(9) *The moment* she was alone, she opened the letter.
　　（一人になると，彼女は手紙を開けた）

次に，前置詞から接続詞に発達した例ですが，after を取り上げて考えてみたいと思います。

(10) a. *Æfter þæm þe*　he hie　　oferwunnen hæfde, he for
　　　　 after that　　that he them conquered　had,　 he went
　　　　 on Bretanie
　　　　 to Britain　　　　　　　　　　　　　(Or 5 12.126.3-4)
　　　　（彼らを打ち負かした後で，彼はブリテン島に向かった）
　　 b. But *aftir that* Y schal rise aȝen, Y schal go bifore
　　　　 ȝou in to Galilee.　　　　　　　　　(Wyclif, Mt 26.32)
　　　　（しかし，私は復活した後，あなた方より先にガリラヤへ行く）
　　 c. *After* I finish this, I'll go home.

(10a) の古英語では，æfter þæm þe ... (= after that that ...) が使われています。þæm を þe 以下と同格と考えると，「... した（そのことの）後で」という意味で解釈可能となり，æfter は前置詞であっ

たと想定できます。中英語になると，(10b) にあるとおり，after that で一つの接続詞として機能するようになり，(10c) の現代英語では，after 単独で接続詞となっています。

最後に，接続詞の that ですが，並列構造から従属構造への変化を論じる際にしばしば取り上げられます。(11) がその発達の通説です。

(11) I know *that*: Judas betrayed Christ. > I know *that* Judas betrayed Christ.

つまり，もともと後続する文を指す指示詞の that が従属節を導く接続詞として再分析されたという考え方です。なお，なぜ，指示詞の that が後続する文の接続詞として再分析されたかについては，van Gelderen (2004: 90) で示された (12) の例が示唆的です。

(12) monig oft　　gecwæð *þæt te*　suð　　ne　norð ...
　　 many often said　 that that south nor north
　　 oþer ... selra　nære
　　 other　better not-was　　　　　　　　　(Beo 858)
　　 (南にも北にも，...，より優れた戦士はいないと多くの者がしばしば公言した)

ここで，注意したい点は，te という語です。van Gelderen によると，ここの te は þe の可能性が高いと考えられます。実はこの þe はこれまでも æfter þæm þe 等でも出てきていますが，古英語時代の補文標識（現代英語の that にあたります）と考えられ，指示詞の

that と補文標識の þe が重なっていて，同格の関係になっていると推測されます。つまり，「北にも南にもより優れた戦士はいないということ，そのことを多くの者たちがよく言っていた」という意味となるわけです。この þæt と þe が連音され，þætte から þæt になり，現代英語の接続詞 that につながると考えられます。なお，その構造変化の詳細については，次節にて説明していきます。

3. 接続詞の文法化

ではなぜ，こうした多様な品詞から接続詞が発達してきたのでしょうか。実はここにもまた，文法化のメカニズムが働いていることを説明したいと思います。

まず，副詞から接続詞となった文法化の過程について観察します。(13) は now の文法化と構造変化の過程を，(14) は when の文法化と構造変化の過程を説明したものです。

(13) a. now の文法化

```
        OE              ME            ModE
        nu（副詞）───→ now    ───→  now  ⇒ 副詞
                   ╲
                    ╲→ now (that) ───→ now  ⇒ 接続詞
```

b. 構造変化
 [$_{VP}$ nu [$_{VP}$ ...V ...]] > [$_{CP}$ now [$_{C'}$ (that) IP]]

(14) a. when の文法化

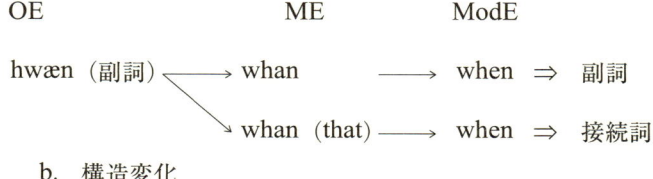

	OE	ME	ModE	
	hwæn（副詞）→ whan → when ⇒ 副詞
	↘ whan (that) → when ⇒ 接続詞

b. 構造変化

  [$_{VP}$ hwæn [$_{VP}$ ... V ...]] > [$_{CP}$ when [$_{C'}$ (that) IP]]

　(13a) における now の文法化の過程では，本来の副詞の now はそのまま，「今」という意味の副詞として用いられる場合と，文と文をつなぐ役割を持つ文法的機能語として発達する場合に分かれていきます。また，(14a) の when もまた，本来の時を意味する疑問副詞として用いられる場合と，文と文をつなぐ役割を持つ文法的機能語として発達する場合に分かれていきます。ただし，この場合の文法化では，時の意味が完全に無くなるわけではなく，機能語の用法の中に一部残っている点に注意が必要です。こうした文法化を「意味残存型文法化」と呼び，元の意味を完全に失う文法化と区別したいと思います。なお，that を除き他の接続詞は意味残存型文法化の例となります。

　また，こうした文法化の背後に構造的変化が仮定できます。now の場合は，(13b) に見られるとおり，もともと VP の修飾語であったものが CP の指定部となり，when の場合も (14b) に見られるとおり，副詞から CP の指定部に再分析されているわけです。なお，両構造とも CP の主要部を補文標識の that が占めている点も大切です。

次に，名詞から接続詞となった過程を，(15) の while の文法化の例を通して，観察したいと思います。

(15) a. while の文法化

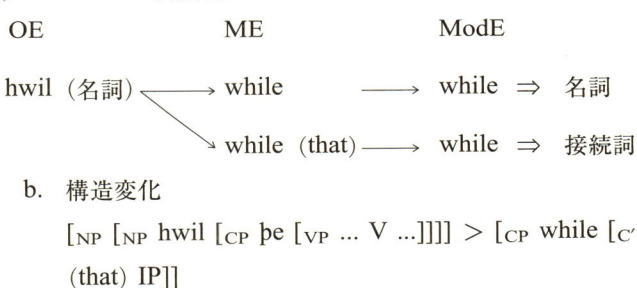

  OE   ME   ModE

  hwil (名詞) ⟶ while ⟶ while ⇒ 名詞

      ↘ while (that) ⟶ while ⇒ 接続詞

 b. 構造変化

  [$_{NP}$ [$_{NP}$ hwil [$_{CP}$ þe [$_{VP}$ ... V ...]]]] > [$_{CP}$ while [$_{C'}$ (that) IP]]

(15) の場合，もともと名詞の hwil の対格形が副詞として用いられ，やがて while that が接続詞の機能を持ち，while 単体で接続詞となったというものです。また同時に，名詞の while は現代英語まで生き残り，after a while 等で使われています。構造的には，副詞の場合はもともと VP の修飾語でそれが再分析されて機能構造の一部になったのですが，名詞から接続詞への文法化では，後続する CP と同格にあった名詞が機能構造の一部に再分析されている点に注意が必要です。とくに，古英語では，hwil の後ろに þe (補文標識) があった点を考慮することが大切であり，that の場合と同様に，hwil と þe 以下の節が同格になったわけです。なお，その後，þe は that に置き換えられ，やがて that 無しで while が接続詞として機能するようになったと考えられます。構造的には，þe 以下の節と同格であった hwil が機能範疇 CP の一部となったわけです。

さて、ここで、接続詞 while の意味にも着目したいと思います。(16a)は時を意味する接続詞ですが、(16b)は対照や譲歩を表す接続詞となっています。

(16) a. *While* I was napping, I had a strange dream.
(居眠りしている間に、奇妙な夢を見た)
 b. *While* she was very fond of him, she didn't want to marry him.
(彼女は彼をとても好きだったが、結婚はしたくなかった)

これは、文法化のもう一つの側面(意味変化)を反映したもので、言語使用の場面から生まれる推論(「語用論的推論」と言われ、ここでは、命題的用法から主観的用法への変化を促すと捉えられます)が意味の変化を駆動する力になっていると考えられます。なお、先ほどの now も「時から理由」の意味変化を伴い、since では、時間から因果関係への意味変化が存在します。[1]

---

[1] since の意味変化の駆動力となった語用論的推論は、Hopper and Traugott (2003) があげる (i) の例文に見られます。
 (i) a. I have done quite a bit of writing *since* we last met. [時間]
(最後に会った時**以来**、かなりの量を書きました)
  b. *Since* Susan left him, John has been very miserable.
[時間および理由]
(スーザンが彼のもとを去って**以来／去ったので**、ジョンはとても沈んでいる)
  c. *Since* I have a final exam tomorrow, I won't be able to go out tonight. [理由]
(明日最終テストがある**ので**、今夜は出かけられない)
つまり、(ib)の時間と理由の両方の解釈が可能な文脈を介在として、時間から因果関係の読みへと意味が拡張したというわけです。

次に，前置詞から接続詞に文法化した過程ですが，after の文法化の例を見てみたいと思います。

(17) a.　after の文法化

```
          OE              OE            ME             ModE
æfter（前置詞）→ æfter         → after       → after ⇒ 前置詞
              ↘ æfter þæm (þe)→ after (that) → after ⇒ 接続詞
```

　　b.　構造変化

　　　　[PP [P′ æfter [NP [NP þæm [CP [C′ þe VP]]]]] > [CP after [C′ (that) IP]]

前置詞から接続詞への文法化では，前置詞の後ろにあった指示詞 þæm (þæt の与格形) が大切で，þe 以下の節と同格になっていると考えられます。すなわち，「～したこと，そのあとで」という意味のつながりとなり，while の場合と同様に，þe が that に置き換えられ，after that で接続詞となり，やがて after 単独で接続詞となったと考えられます。なお，構造的には，前置詞 after が機能範疇 CP の一部となったわけです。

では，最後に，指示代名詞 that から接続詞の that への文法化の過程を観察したいと思います。

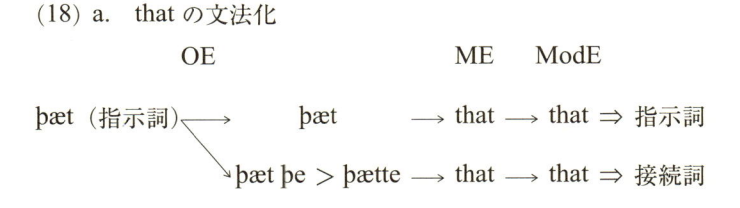

(18) a.　that の文法化

```
                OE                    ME      ModE
þæt（指示詞）→       þæt        → that → that ⇒ 指示詞
             ↘ þæt þe > þætte → that → that ⇒ 接続詞
```

b. 構造変化
[NP [NP þæt [CP [C′ þe VP]]]] > [CP [C′ þætte VP]] > [CP [C′ that IP]]

指示代名詞の that はもともと後続する CP と同格でしたが，機能構造 CP の一部に再分析されることにより，接続詞となりました。しかし，ここで大切な点は，(18b) に見られるように，that の場合は他の接続詞と異なり，CP の指定部ではなく，CP の主要部に再分析されている点です。すなわち，when, while, after のような接続詞の文法化の場合は，元の意味を保持した発達となっているのに対して，that の場合は指示性を完全に失った純粋に機能的な語となっているということです。

したがって，生成文法的観点からは，この that は，他の接続詞とは区別され，補文標識として扱われています。なお，古英語にはすでに接続詞として þæt が頻繁に出現しますので，この変化は古英語期のかなり早い段階に起こったものと思われます。

第6章

関係代名詞の文法化

1. はじめに

　関係代名詞には，(1) に見られるように，wh 語 (who, which, what 等) と that の2種類があります。

(1) a. The river *which* flows through London is called the Thames.
　　　（ロンドンを流れる川はテムズ川と呼ばれている）
　　b. It was the best baseball game *that* I have ever watched.
　　　（それは私がこれまで見た中で最高の野球の試合だった）

なぜ，現代英語にこうした形の異なる関係代名詞が存在するのでしょうか。一見同一の機能を持つように見える wh 関係代名詞と that 関係代名詞ですが，通時的にみると，実はまったく異なる発達の道筋を辿ってきました。それぞれの歴史について観察してみ

たいと思います。

2. 古英語の関係代名詞

まず,古英語には,(2) の3種類の関係代名詞が存在していました。

(2) a. 指示詞 (se, seo, þæt)
　　　Her is min cnapa *þone* ic geceas,
　　　here is my servant that I chose　(WSG, Mt 12.18)
　　　(私の選んだ従者たちがここにおります)

b. 不変化詞 (þe)
　　　Her onginneð seo boc *þe* man Orosius nemneð
　　　Here begins the book that one Orosius names
　　　　　　　　　　　　　　　　　　　　　(Or 1 [MC C])
　　　(ここからオロシウスという名の本が始まる)

c. 指示詞 (se, seo, þæt) +不変化詞 (þe)
　　　Palladius biscop wæs ærest sended to Scottum,
　　　Palladius bishop was first sent to Scots
　　　þa ðe on Crist gelyfdon
　　　who in Christ believed　(Bede 1 10. 46.30)
　　　(最初にパラディウス司教がキリストを信じていたスコット人のもとへ送られた)

まず,(2a) の指示詞 (se, seo, þæt) についてですが,なぜ指示詞が関係代名詞として使われるようになったかについては,第4章で

説明した並列構造から従属構造への発達と関わり合いがあります。(3) の例は，ある企業が翌日から行う新企画についてホームページで予告したキャッチコピーです。

(3) Tomorrow is just another day. *That* you'll never forget.
　　（明日，いつもと同じ一日が，忘れられない一日になります）

さて，この2文目の文頭の that ですが，文法的には指示代名詞で，another day を指しているものと解釈できますが，二つの文を1文にすると，関係代名詞と似た働きと考えることができます。実は古英語の時代にも，こうした例が多数見られ，二つ目の文が一つ目の文を修飾する読みが可能な場合は，関係代名詞として解釈されたものと考えられます。(4) は，Mitchell (1985 (2): 88) で指摘されている指示詞と関係代名詞が曖昧となる例です。

(4) Se　man hæfð gold, þæt is god　be his mæðe: hæfð
　　 the man has　 gold that is good by his right　has
　　 land and welan, þa　　sind gode
　　 land and riches those are　good　(ÆCHom I 18 323.166)
　　（その者はその権利によって善きものである金を持ち，また，善きものである土地や富を持つ／その者はその権利によって金を持ち，それは善きものである。また，土地や富も持ち，それらもまた善きものである）

Mitchell によると，特に指示詞が単独で用いられる場合は，並列構造なのか従属構造なのか，判断が難しいと述べております。Thorpe 版の現代語訳（A man has gold, that is good in its kind; he has land and reches, they are good.) でも，前者は関係代名詞に，後者は指示代名詞に訳されています。こうした例が，やがて，指示詞から関係代名詞への再分析を促進したことは容易に推察できます。

　さて，(2a) の派生過程を図示すると，(5) となります。

(5)　Here is [$_{NP}$ min cnapa]　[$_{CP}$ þone$_i$ [$_{C'}$ ϕ [$_{VP}$ ic t_i
　　　　　　　my　servant　　　　that　　　　　　　I
　　geceas]]]
　　chose

ここで重要な点は，þone はもともと VP の内部にあった要素（þone は対格であり，geceas の目的語であったことがわかる）で，派生の過程で CP の指定部に移動し，NP (min cnapa) と同一指示（同格）となっていることです。こうして，(2a) に「ここに私の召使いがいますが，それは私が選んだのです」という解釈が生まれるわけです。

　次に，(2b) の不変化詞の þe についてですが，第 5 章でも触れたように，古英語では補文を導く機能語（補文標識）としての役目を果たしています。したがって，先行詞と同格の節を導くものとして解釈でき，(6) のような関係になっていると考えられます。

(6)　Her onginneð [$_{NP}$ se　boc]　[$_{CP}$ þe　man Orosius
　　　　　　　　　　the book　　　that one Orosius
　　nemneð]
　　names

すなわち，þe は複合関係代名詞 (one who) と同等の機能を持ち，[1] NP と CP が同格になっていると考えると，「ここから本が始まる，オロシウスという名の」という解釈が可能となります。その内部構造については，次節の文法化のところで説明しますが，(5) の指示詞の場合とは異なる派生であることに注意してください。

次に，(2c) の指示詞＋不変化詞については，(7) のように，上記二つの構造が重なりあった現象と考えることができます。

(7) to [NP Scottum], [CP þa$_i$ [C′ ðe [VP t_i on Crist
to　　　Scots　　　who　　　　　in Christ
gelyfdon]]]
believed

つまり，もともと VP 内部にあった指示詞 (þa) が CP の指定部に移動し，先行する NP (Scottum) と同一指示（同格）となる点は (5) と同様ですが，その際，NP と同格となる CP を形成していることを明示的に示す ðe がその主要部に存在しているというわけです。こうして，(2c) は，「スコット人，キリストを信じていた者たち」という解釈が可能となります。つまり，指示詞と不変化詞により，先行詞との関係が明示されているというわけです。で

---

[1] 実際，古英語では，(i) のように，þe が複合関係代名詞としても用いられることがあります。
(i) tomiddes eow stod　þe　　　　　　 ge ne cunnon
among　you stood　the one whom　you not know
(WSG, Jn 1.26)
（あなた方の中には，あなた方の知らない方がおられた）

3. 関係代名詞 that の文法化

関係代名詞 that の文法化の過程は，(8) となります。

(8) 関係代名詞 that の文法化

```
        OE                          ME        ModE
se, seo, þæt ──→     þæt      → that  →  that  ⇒  指示詞
              弱化
  指示詞
         └→ þæt (þe) > þæt(te) > that → that → that ⇒ 関係代名詞
```

指示詞であった that が，文法化の過程の中で，機能語である関係代名詞に再分析されたというわけです。すなわち，形態的には，冠詞と同様に，性・数・格の屈折が徐々に衰退するに伴い，se 形の指示詞が þ 形の指示詞に統合され（冠詞と同様），指示詞の意味を保持した強形の þæt は現代英語の指示詞 that として生き残り，意味と音が弱化した þæt は，不変化詞の þe と連音した þætte も含め，that となり，現代英語の関係代名詞 that につながっていきます。しかしながら，ここで注意すべきことは，接続詞 that の文法化の際にも言及しましたが，この that は (9) のように，実際には，補文標識として文法化されます。

(9) NP [$_{CP}$ þæt$_i$ [$_C$ (þe) [$_{VP}$ ... t_i ...V]]] > NP [$_{CP}$ [$_{C'}$ þæt (te) VP]] > NP [$_{CP}$ [$_{C'}$ that IP]]

つまり，学校文法では that は関係代名詞と言われていますが，実は，補文標識であることが，歴史的にも裏付けることができるわけです。

4. WH 関係代名詞の発達

さて，WH 関係代名詞の発達について考えてみましょう。実は，英語の歴史を紐解くと，who や which といった関係代名詞は中英語以降の発達と考えられています。(10) は OED (s.v. *who*) における関係代名詞 who の初例（1297 年）です。[2]

(10) He nadde bote an doȝter *wo* miȝte is eir be.

(R. Glouc (Rolls) 2235)

（彼には跡取りとなる子は娘一人しかいなかった）

では，こうした WH 関係代名詞はどこから発達してきたのでしょうか。諸説ありますが，WH 疑問詞（古英語の hwa, hwelc, hwæt 等）から発達したという説が有力なものと考えられています。[3] いずれにしても，なぜこの時期に発達する必然性があったのでしょうか。そこで考えられるのは that の機能変化です。(9) で示したように，もともと that は指示詞であったものが，機能変化の結果，CP の主要部となりました。これにより接続詞の that と機能的に同じものとなり（共に補文標識），関係節を導く固有の

---

[2] なお，Allen (1980) は，12 世紀に関係詞 hwan があったと述べています。
[3] そのほか，フランス語の WH 形の関係代名詞（que など）からの影響という考え方，古英語の WH 不定代名詞から発達したという説などがあります。

指標ではなくなりました。そこで同時期に同様な構造を持つWH語が関係詞を導く指標として新たに用いられるようになったという可能性が考えられます。(11) をご覧ください。

(11) a. I don't know [$_{CP}$ who$_i$ [$_{C'}$ ϕ [$_{IP}$ you met t_i]]]
　　 b. the man [$_{CP}$ OP$_i$ [$_{C'}$ that [$_{IP}$ you met t_i]]]
　　 c. the man [$_{CP}$ who$_i$ [$_{C'}$ (that) [$_{IP}$ you met t_i]]]

すなわち，(11a) の間接疑問文では，who のみが CP の指定部に移動し，CP の主要部は空の補文標識 (ϕ) があると考えられます。(11b) の関係代名詞 that の場合は，本来移動の主体であった that が CP の主要部へと再分析されたため，中英語以降，空の演算子 (OP) が CP の指定部に移動してくると分析されるようになったと考えることができます。これはまさに，(11a) の疑問詞の移動と同等なものであり，(11c) の関係詞構造が誘発されたものと考えられるわけです。[4] (12) に関係代名詞 who の変化を図式化します。

(12)　関係代名詞 who の変化

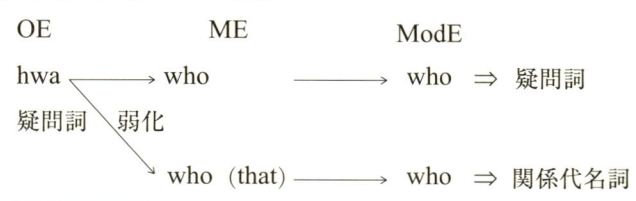

```
    OE              ME                  ModE
    hwa ───────→ who ──────────────→ who  ⇒ 疑問詞
    疑問詞   ＼弱化
             ＼
              ↘ who (that) ─────────→ who  ⇒ 関係代名詞
```

---

[4] 中英語期に，(i) のような関係詞＋that の構文が少なからず見られたことは，この仮説の傍証になると思われます。
　(i)　Oonly the sighte of hire *whom that* I serve　　　(Ch CT A1231)
　　　（私の仕えるあの人のお姿を見るだけで）

〈構造変化〉

[$_{CP}$ who$_i$（疑問詞）[$_{C'}$ ϕ [$_{VP}$ ... t_i ...]]] > [$_{CP}$ who$_i$（関係詞）[$_{C'}$ (that) [$_{IP}$ ... t_i ...]]]

なお，(12) からわかるとおり，who の疑問代名詞から関係代名詞への変化は，関係代名詞（正確には補文標識）の that の文法化とは異なり，語彙的要素が純粋な機能的要素に変化していない点（先行詞の有生・無生の特徴を反映する点などから「意味残存型文法化」と言える）に注意が必要です。そのため，現在でも，WH 関係代名詞は CP の指定部に留まっていると考えられるわけです。

第 7 章

再帰代名詞の文法化

1. はじめに

英語の再帰代名詞についての議論は、現在も、生成文法をはじめ、種々の言語理論の枠組みで活発に行われています。(1) は代名詞と再帰代名詞の差を示す典型的な例です。

(1) a. John$_i$ criticized *him$_i$/himself$_i$.
    b. Tom$_i$ said that John criticized him$_i$/*himself$_i$.

つまり、英語の再帰代名詞は、同一節中で先行詞を持つ必要があるが、代名詞は同一節中に先行詞を持ってはいけないというものです。

しかしながら、こうしたルールも通時的に見ると絶対的なものではありません。(2) は古英語の例ですが、代名詞が同一節中で先行詞 (he) を持っています。

(2) Soðlice ic eow secge þæt *he*ᵢ begyrt *hine*ᵢ and
 truly I to you say that he girds himself and
 deð þæt hig sittað.
 makes that they sit (WSG, Lk 12.37)
 (はっきり言っておくが，彼は帯を締めて，彼らを座らせる)

また，(3) に示すように，現代英語では許されない再帰代名詞が主語となる例も見られます。

(3) Ne sohte ic na hine, ac *he sylf* come to me.
 not sought I not him, but he-self came to me
 (ÆLS(Basil) 445)
 (私が彼を追い求めたのではなく，彼が自ら私のもとへやって来たのだ)

これは一体どうしてでしょうか。その謎を解くために，まず，古英語における再帰代名詞の用法を観察してみたいと思います。

2. 古英語の再帰代名詞

　実は，古英語の代名詞は，現代英語と異なり，単純代名詞 (him や her など) が再帰代名詞の役割を兼ねていました。ただし，self という語を付加することにより強意を表すことができたため，him self (通常 2 語となる) 等の形で用いられることはありました。しかしながら，self は強意語のため代名詞だけに付加するわけではなく，(4) のように，普通名詞に付加することも可能でした。

(4) þa   com *se cyning self* mid his scipe.
    then came the king   self with his ship

(Or 4 5.89.22)

(それから王様が自ら船でやってきた)

したがって，現代英語と違って，(2)に見られたように，古英語の代名詞は，先行詞が節内にある場合も無い場合も区別せずに用いることが可能だったわけです。

　では，(1)のような場合に，古英語で不便が生じないのでしょうか。これまでの研究で，興味深い結果が出ています。それは，動詞によって，単純代名詞形と代名詞+self形の使い分けにある種の傾向が見られるというものです。

(5) hi   wendon *heom*   þanon to East Seaxan
    they turned themselves thence to Essex

(ChronE (Irvine) 1046a.4)

(彼らはそこからエセックスへと向かった)

(6) Hannibal ... *hine selfne* mid atre   acwealde
    Hannibal   him self   with poison killed

(Or 4 11.110.2)

(ハンニバルは毒を飲んで自害した)

すなわち，(5)ではwendan (もともとturnを意味する他動詞でしたが，やがて自動詞goの過去形 (went) として用いられるようになります) という再帰動詞 (再帰代名詞が義務的に必要とされる動詞) が使われていますが，その目的語にはほとんど指示性がなく単純代名詞形

が使用されているのに対して、(6) の acwealdan (=kill) の場合は、目的語に強い指示性を付与する（誰を殺すかは重要な情報）ため、対象を明確化する必要があり、代名詞 + self 形が使われていると考えられるわけです。

　また、前置詞と共に用いられる際にも、興味深い現象が報告されています。

(7)　Mæg ic *be*　　*me sylfum* soðgied　wrecan.
　　　can　I　about myself　　true story relate　　　(Sea 1)
　　（私は自分自身について真実を語ろう）

(8)　Habbað ge　sealt *on iow,*　　 &　sibbe habbað
　　　have　　you salt　in yourselves and peace have
　　　betweoh iow.
　　　among　yourselves　　　　　　　(CP 15.95.11)
　　（自分自身の内に塩を持ちなさい、そしてお互いに平和に過ごしなさい）

(7) のような動作の対象を明確に示す必要のある前置詞 be（「～について」）に導かれた場合、後続する目的語に強い指示性が感じられ self が付加される場合が多いのですが、(8) の on や betweoh などの場所を示す前置詞では、強い指示性の意味は感じられず、単純な代名詞が使われることが多かったようです。なお、現代英語でも、(9) で意味の差が感じられる点は興味深いものがあります。

(9) a. He pulled the blanket *over himself*.

(彼は毛布にくるまって身を隠した)

b. He pulled the blanket *over him*.

(彼は自分の上に毛布を引き寄せた)

つまり，再帰代名詞を用いると動作の対象性がより明確になる ((9a) の場合のほうが，彼と毛布の密接度が高い) というわけです。[1]

以上のとおり，古英語では単純な代名詞が再帰代名詞としても利用されていましたが，self を付加した強意の再帰代名詞も存在し，それがやがて，現代英語の再帰代名詞へとつながっていきます。次節では，その変化の過程について考察したいと思います。

3. 再帰代名詞の文法化

(10) は self 形再帰代名詞の文法化の過程を図示したものです。

---

[1] (i) の容認度の差もまた，現代英語における動作の対象性 (Target of Action) という観点から説明することができます。

(i) a. John$_i$ talked to Mary about *him$_i$/himself$_i$.

b. John$_i$ found a snake near him$_i$/*himself$_i$.　　(Kuno (1987))

すなわち，(ia) では himself は talk の target になりますが，(ib) の him は find の target にはならないというわけです。言い換えれば，こうした target になり得る self 形代名詞は指示性の意味を強く担っていると言えます。

(10)　再帰代名詞（代名詞＋self 形）の文法化

```
     OE                    ME              ModE
名詞＋self（強意形）─┬→ 代名詞＋self → ONESELF ⇒ 強意形
                  弱化
                  └→ 代名詞＋self → ONESELF ⇒ 照応形
```

すなわち，古英語では，名詞に付加する強意語として self が使われていましたが，中英語以降徐々に self の強意の意味が希薄化し，代名詞と一体化した照応形としての用法が増加（同時に単純代名詞の照応形としての用法が衰退）し，近代英語以降，(11) の強意形としての再帰代名詞（この場合は，必ずしも先行詞を必要としない）と (12) の機能的役割を持つ照応形としての再帰代名詞に分岐したと考えられます。

(11) a. No one can do it better than *himself*.
　　　　（彼よりうまくできる者は誰もいない）
　　　b. They have never invited Margaret and *myself* to dinner.
　　　　（彼らはマーガレットと僕を夕食に招いたことがない）
(12) a. He seated *himself* beside her.
　　　　（彼は彼女のそばに着席した）
　　　b. I have hurt *myself*.
　　　　（私はけがをした）

なお，(11) の oneself にはアクセントが置かれますが，(12) の oneself にはアクセントが置かれない点にも注意が必要です。

ところで、なぜ、近代英語以降に照応形という機能を self 形が担うことになったのでしょうか。実は、その裏には、再帰構文（再帰動詞＋単純再帰代名詞）の衰退という背景があることにも目を向ける必要があります。再帰構文は、インド・ヨーロッパ語族の言語に多く観察される現象で、(13) はドイツ語およびフランス語の例です。

(13) a. Die Kinder *freuen sich* auf die Ferien.
（子供たちは休みを楽しみにしている）
b. Je *me demandais* si ce n'était pas un rêve.
（私はそれが夢ではないかと怪しんだ）

(13a) のドイツ語では、sich（再帰代名詞）＋freuen で「楽しみにする」という意味となり、(13b) のフランス語では、se（再帰代名詞）＋demander で「怪しむ」という意味となります。(14) に見られるとおり、古英語や中英語においても、再帰構文が頻繁に用いられていました。

(14) a. Ðonne hy　　*him*　　... to eow arna　　*bædun*.
　　　　 when they themselves to you of mercies prayed
(Christ C 1351)
（彼らが ... あなた方に情を乞うた時）
b. And whan he sawe their countenaunce he *dredde hym* sore,　　(Malory Bk6.Ch15)
（彼は彼らの顔を見て、とても恐れた）

(14a) の古英語では、him（再帰代名詞）＋biddan で「乞い求める」

という意味となり、(14b) の中英語では、him（再帰代名詞）+ dread で「恐れる」という意味を表しているわけです。しかしながら、こうした構文は初期近代英語期にその数が激減していきます。同時に、再帰動詞と共に使用されていた単純形の再帰代名詞もその使用頻度が低下し、やがてその姿を消すことになるわけです。[2] その代わりに、self 形の再帰代名詞がその役割を受け持つことになりますが、その場合でも、(15) のように、再帰代名詞の指示性が強く感じられるという指摘もあります。

(15) After the illness, John found it difficult to *dress himself.*

（病後ジョンは自分で服を着るのが困難になった）

つまり、(15) の dress oneself の場合は、単純な「服を着る」とい

---

[2] 再帰構文の衰退については、Mustanoja (1960) や Ogura (2001) 等でも指摘されていますが、(i) のように、自動詞構文や受動構文等の他の構文への置き換えがあったと考えられます。

(i) a. Exodus 7.23
　　　 Wyclif (LV): And he *turnede awei hym silf*, and entride in to his hows
　　　 AV: And Pharaoh *turned* and went into his house.
　　　（ファラオは王宮に引き返した）
　　b. Matthew 21.21
　　　 Wyclif (EV): bot and yif ye seien to his hill, *Take thee*, and *caste thee* in to the see
　　　 AV: But also, if ye shall say vnto this mountaine, *Be* thou *revoued*, and *be* thou *cast* into the Sea

(Ogura (2001: 26))

（しかしまた、もしあなたたちがこの山に向かって、「立ち上がって、海に飛び込め」と言ったとしても）

う意味ではなく，服を着るのに特別な努力が必要な場合に限られるようです。

なお，現代英語の oneself は，[NP [NP one] [AP/NP self]] > [NP oneself] という形態的な再分析がなされたと考えられますが，古英語の self は，(16) のように指示詞を強めることも可能でした。

(16)　seo sylfe carfulnyss　(= the same carefulness)

すなわち，指示詞に付加して，その限定性を強めている可能性（[DP oneself] への文法化の可能性[3]）も考えられ，ここでもまた，他の文法化現象（冠詞の発達等）との平行性 (NP > DP) が見受けられるわけです。

---

[3] van Gelderen (2004), Déchaine and Wiltschko (2002) 等で，oneself を DP として分析する可能性が指摘されています。

第 8 章

助動詞 DO の文法化

1. はじめに

英語で一般動詞を含む疑問文や否定文を作る場合，(1) に見られるように，助動詞 DO を用いることは，周知のことと思います。

(1) a. *Did* you meet her?
   b. I *didn't* know that fact.

しかしながら，この助動詞 DO とは一体どんな意味を持つのでしょうか。現代英語の本動詞の DO は，(2) のように，「(人が物事を) 行う」という基本的な意味を持っています。

(2) a. What can I *do* for you?
   b. People who try to *do* everything at once often end up *doing* nothing.

(拙速に事を成そうとする人は，しばしば何も成さずに終わってしまう）

(2) の DO が助動詞でないことは，他の助動詞との共起，不定形や ING 形となることからも明白です。では，(1) の助動詞の DO はどこからきたのでしょうか。それを探る前に，古英語や中英語で，疑問文や否定文がどのように作られていたかを確認してみたいと思います。

2. 古英語の疑問文と否定文

(3) は，現代英語の What do you drink? を意味する古英語の文です。

(3)　Hwæt　drincst　þu?
　　　what　drink　you

すなわち，主語と動詞を倒置させることにより，疑問文がつくられたわけです。また，(4) は，I don't say. を意味する古英語の否定文です。

(4)　Ic　*ne*　secge.
　　　I　not　say

(3) の疑問文同様，助動詞 do は用いられず，動詞の前に直接否定辞の ne がつきました。その後，中英語で，(5) のような変化が起こりました。

(5) I *ne* seye *not*.　＞　I say *not*.

すなわち，否定辞 ne の弱化により強意語として not が動詞に後続し，やがて ne が消失し，動詞 + not という語順が生じたというものです。[1]

しかし，近代英語以降，助動詞 DO を用いた "I don't say." という表現ができ上がったのはなぜでしょうか。そこには，英語の語順の固定化が関わっていると言われています。特に，動詞と目的語の関係は緊密で，現代英語では，(6) のように，動詞と目的語の間に副詞等の介在が許されず，VO が固定化された語順となっています。

(6) a.　John often meets Mary.
　　 b.　*John meets often Mary.

したがって，(7) に示すような疑問文と否定文における DO の使

---

[1] いわゆる否定の循環的変化 (Negative Cycle) と呼ばれる現象で，(i) のようにフランス語の否定構造の変化とも平行する通言語的現象と考えられています。

(i) a.　jeo　*ne*　dis.　　　　（古フランス語）
　　　　I　　not　say
　　b.　je　*ne*　dis　*pas*.　　（現代標準フランス語）
　　　　I　　not　say　not
　　c.　je　dis　*pas*　　　　　（現代口語フランス語）
　　　　I　　say　not

すなわち，古フランス語では，動詞の前に否定辞の ne を置いていたのですが，やがて，ne の否定の意味を補うために動詞の後ろに強調語の pas (元は「一歩」の意味) が置かれるようになり，現代フランス語の口語では ne が省略されるようになったというものです。

用は，こうした動詞と目的語の隣接性を維持するのに，有効に働いていると考えることができます．

(7) a. (EModE) *Read* you *the book*? > (PDE) Did you *read the book*?
  b. (EModE) He *saw* not *me*. > (PDE) He did not *see me*.

さらに，疑問文の (7a) では，主語＋動詞という基本語順もまた，DO によって維持されている点（read you ではなく，you read となる）も指摘されるべきでしょう．しかしながら，どうして DO がこうした機能的役割を果たすことになったのでしょうか．

3. DO の文法化

助動詞 DO の起源については，諸説存在します．その中で有力と考えられているのが，古英語の使役動詞 DO からの発達です．古英語においては，(8) のような使役動詞の用法が存在しました．

(8) þe biscop of Wincestre ... *dide* heom cumen
  the bishop of Winchester ... caused them come(INF)
  þider.
  thither
      (c1155 ChronE(Irvine) 1140.21; Denison (1993: 257))
  （ウィンチェスターの司教が，彼らをそこに来させた）

(8) の do は，目的語＋不定詞を後続させ，「〜に ... させる」という意味を表しています。現代英語の make や have を用いた使役構文と類似したものです。

やがて，中英語になると，(9) のように不定の目的語が省略される用法が見られるようになりました。

(9) Ðis hali mihte ðe *dieð* φ ilieuen ðat ...
　　this holy virtue that causes　　believe that ...
　　　　　(a1225(c1200) VV (1) 25.10; Denison (1993: 257))
　　(... と信じさせるこの聖なる力)

(9) では，ilieuen (=believe) の意味上の主語は文の主語 Ðis hali mihte (=this holy virtue) とは考えられないため，do の後ろに不定代名詞 (one) が省略されていると推測でき，「この聖なる力が（人に）... と信じさせる」という意味になります。これは，たとえば，the king did (people) build a castle. のように，不定の目的語が省略された場合，「王様が（民に）城を建てさせた」と「王様が城を建てた」の意味が同義となり，DO の使役の意味が消失する現象と考えることができます。こうして，DO は使役の意味を希薄化していき，他の機能を持つ存在へと変化したと考えられます。

では，DO の文法化の過程について見てみましょう。

(10) DO の文法化

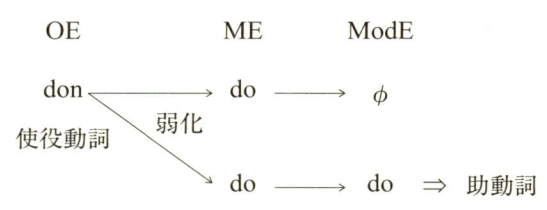

```
        OE            ME          ModE
       don ─────→ do ─────→ φ
              ╲ 弱化
       使役動詞  ╲
              ─→ do ─────→ do  ⇒ 助動詞
```

つまり，本来使役の意味を持つ本動詞であった DO が，目的語の省略により意味の希薄化が生じ，助動詞 DO となったと考えられます。なお，この文法化には，(11) の構造的変化があったと推測されます。

(11) [$_{VP}$ don [$_{VP}$ NP V]] > [$_{VP}$ don [$_{VP}$ (NP) V]] > [$_{IP}$ [$_{I'}$ do [$_{VP}$ V]]]

すなわち，本動詞 DO が機能語として IP の主要部の位置に再分析されたわけです。

しかし，そのような再分析を引き起こした要因は何だったのでしょうか。それが前節で説明した疑問文や否定文を作る際に，語順（動詞と目的語の隣接性など）を保持する役に立つという機能だったと思われます。つまり，IP の主要部として機能することにより，VP 内の語順を維持することができ，かつ疑問文や否定文の標識としての補助的機能も果たすことができたわけです。そのほか，当時はこの DO が，(12) のように，韻文で韻律の調整の役に立ったり，(13) のように，cast や set のような過去形と現在形が

同一になる動詞の時制を区別する役割[2] をしたりするなど多様な機能を持っていましたが，やがて，疑問・否定・強調の文脈だけで使用されるようにその機能が限定されてきたと考えられます。

(12) This Nicholas no lenger wolde tarie, But *dooth* ful softe unto his chambre carie　　(Ch CT A 3409-10)

（このニコラスは，もはや待とうとせずに，こっそりと彼の部屋に運び込む）

(13) for my vesture they *did cast* lots　　(AV, Jn 19.24)

（私の衣服のことで，彼らはくじを引いた）

また，近代英語における使役の DO の消失は，中英語ですでに多用されていた make や let 等の使役動詞との競合に敗れた結果とみることができ，助動詞として新たな命を持つことになったというわけです。なお，IP の主要部としての再分析には，すでに助動詞的用法を確立していた can, may, must 等の法助動詞の発達が大きく関わっていると考えられます。次章では，その法助動詞発達の詳細について考察したいと思います。

---

[2] これらの動詞は，もともとあった過去形の語尾が同化されて無くなったため（set + te > set など），現在形と過去形が同形になったと考えられ，その形態的曖昧性を補う手段として，DO が役立ったと考えられます。

第 9 章

法助動詞の文法化

1. はじめに

　英語の法助動詞と呼ばれるものには，will, shall, may, can, must などがあります。ところで，「法」とは一体何でしょうか。たとえば，(1) は「トムは勤勉だ」という単純な命題内容を表しています。

　(1)　Tom is diligent.

しかし，話し手がこの内容を伝える際，(2) のように自分の心的な態度を加えることができます。

　(2) a.　Tom *may/must* be diligent.
　　　　（トムは勤勉かもしれない／にちがいない）
　　 b.　Tom is *probably/perhaps/possibly* diligent.
　　　　（たぶん／おそらく／ひょっとしたらトムは勤勉かもしれな

c. I wish Tom *were* diligent.
　　　（トムが勤勉だったらいいのに）

　つまり，(2a) では助動詞，(2b) では副詞，(2c) では動詞の屈折変化によって，話し手の心的態度が表現されていて，これを「法」(Mood) と言うわけです。したがって，(2a) は法助動詞，(2b) は法副詞，(2c) は仮定法という呼び名がついています。

　さて，ここで興味深い点は，(2a) のような法助動詞の用法は，英語の通時的変化の中で現れてきたもので，古英語では，こうした話し手の心的態度は主に副詞や動詞の屈折変化（「接続法」と呼ばれます）により表されていました。したがって，(3) のように同じ動詞を用いた場合でも，その伝達内容に違いが生じます。

(3) a. ic him　　sægde þæt he for-ealdod　*wære*.
　　　 I　to him said　that he grown old　were［接続法］
　　　　　　　　　　　　　　　　　　　　（Sweet (1953: 52)）
　　（私は彼に「彼もずいぶん大きくなった」と言った）
　　b. he hiere　sægde on hwæm his strenguþu　*wæs*.
　　　 he to her said　in which his strength　was［直説法］
　　　　　　　　　　　　　　　　　　　　（Sweet (1953: 53)）
　　（彼は彼女に自分の力の源がどこにあるかを語った）

(3a) は接続法を用いた用法で，「彼が成長した」という内容を話者の主観的考えとして述べているのですが（したがって，その客観的真偽はわからない），直説法を用いている (3b) では，「彼の力が

どこかにある」ということを客観的事実として捉え,間接疑問文を作っているのです。こうした接続法の屈折形態は,時と共に消失していき,現代英語では (2c) の were 等にわずかに残るだけです。その代わりに,話者の心的態度を表現する方法として発達したのが,法助動詞です。本章では,法助動詞の may, can, will を中心に,その文法化の過程について観察してみたいと思います。では,まず,現代英語の may, can, will の意味・用法から始めましょう。

2. 現代英語の法助動詞

(4) は may の代表的な意味を持つ例文ですが,(4a) では可能性の意味が,(4b) では許可の意味が,(4c) では祈願の意味が,(4d) では譲歩の意味が表されています。

(4) a. He *may* come here this evening.
 (彼は今晩ここに来るかもしれない)
 b. *May* I call on you tomorrow?
 (明日伺ってもよろしいですか)
 c. *May* the new year bring you happiness!
 (今年も良い年でありますように)
 d. Difficult though it *may* seem, it can be done.
 (困難に思えるが,実行可能です)

次に,can については,(5a) では能力の意味が,(5b) では可能性の意味が,(5c) では許可の意味が,(5d) では依頼の意味が,

(5e) では命令の意味が表されています。なお，(5f) は目的を表す節の中で使われている例ですが，may もまた使用可能です。

(5) a. She *can* play tennis.
  b. He *can*not be rich.
     （彼は金持ちのはずがない）
  c. *Can* I have a coffee to go?
     （コーヒー，持ち帰りでお願いできますか）
  d. *Can* you tell me where the bus station is?
  e. If you won't keep quiet, you *can* get out!
     （静かにする気がないなら，出て行きなさい）
  f. Talk louder so that I *can/may* hear you.
     （聞こえるように，もっと大きな声で話しなさい）

さらに，will については，(6a) では意志の意味を，(6b) では推量の意味を，(6c) では依頼の意味を，(6d) では命令の意味を表していると考えられます。

(6) a. "Have you posted the letter for me?"
     "No, I'*ll* do it this afternoon."
  b. It *will* rain in the afternoon.
  c. *Will* you pass me the sugar?
  d. You *will* pack and leave this house.
     （荷物をまとめ，この家を出て行け）

さて，なぜ，法助動詞はこうした多様な意味を持っているのでしょうか。実は，一見雑多に見える意味の分布も，(7) の三つの

視点からまとめ直すことが可能です。

(7)

	主語の視点	話者の視点	対人的視点
may		可能性，接続法代用	許可
can	能力	可能性，接続法代用	許可，依頼，命令
will	意志	推量	依頼，命令

つまり，文の主語に関わる意味として，能力・意志があげられ，それぞれ，(5a) の can と (6a) の will がその意味で使用されており，話者の視点とは，話し手の心的態度が表されている部分で，(4a) の may の可能性，(5b) の can の可能性，(6b) の will の推量が典型的な例ですが，(4c) の祈願の may，(4d) の譲歩の may や (5f) の目的節内で使われる can や may ももともと動詞が接続法の形態を使って表現していたもので，話者の心的態度を表しており，話者の視点と考えられます。また，対人的視点とは，聞き手に対する何らかの働きかけを意味するもので，(4b) の許可の may，(5c) の許可，(5d) の依頼，(5e) の命令の can，(6c) の依頼や (6d) の命令の will などがその例であり，語用論的含意が強く感じられます。

第1章で説明しましたが，文法化の意味変化には，(8) の一方向性が観察されます。

(8) 命題的 ＞ 主観的 ＞ 対人的

これを法助動詞の文法化に当てはめると，主語の視点＞話者の視点＞対人的視点という連続的変化と捉えることが可能です。実

際，後に見るように，この変化は英語の法助動詞の通時的変化と一致するものとなります。また，ここで重要な点は，may の主語の視点が欠けている部分です。この点も含めて，各法助動詞の通時的変遷を見てみたいと思います。

3. 法助動詞の文法化

本節では，特に，may, can, will の法助動詞を取り上げ，その通時的変化を考察します。(9) は，古英語の magan (> may)，cunnan (> can)，willan (> will) が本動詞として使われていた例です。

(9) a.　and helle gatu ne *magon*　　　ongen þa
　　　　and hell's gates not have power against it

　　　　　　　　　　　　　　　　　　　(WSG, Mt 16.18)

　　　　(地獄の門の力もそれには敵わない)

　　b.　Soþ ic eow secge, ne *cann* ic eow.
　　　　truly I you say　　not know I you

　　　　　　　　　　　　　　　　　　　(WSG, Mt 25.12)

　　　　(はっきり言っておくが，私はお前たちを知らない)

　　c.　he ... him　secgan het　　　　　þæt he geornor
　　　　he　them say　commanded that he more eagerly
　　　　wolde　sibbe wið hiene þonne gewinn
　　　　wanted peace with him　than　war　　(Or 3 1.54.4)

　　　　(彼は彼らに争いより平和をより強く望んでいると告げよと

言った)

上記のように，may は，「(〜する) 力がある」という身体的能力の意味を持ち，can は，「〜を知っている」という知的能力の意味を，will は，「〜を望む」という願望の意味を持っていました。また同時に，不定詞を補部に持つ，(10) のような例も多数見られました。

(10) a. Nis   nan þing of   þam men on   hine gangende
        not is no thing out of the   man into him going
        þæt hine *besmitan mæge*;
        that him defile   be able to   (WSG, Mk 7.15)
        (外から人の体に入るもので人を汚すことができるものは何もない)

   b. *cunne* ge *afandian* heofones ansyne and eorþan; …
       know you discern   heaven's face   and earth's
                                         (WSG, Lk 12.56)
       (汝は空と地の模様を見分けることは知っているが, ...)

   c. he *wolde* *adræfan* anne æþeling se   was
       he wanted expel   a   prince who was
       Cyneheard haten,
       Cyneheard called   (ChronA (Bately) 755.7)
       (彼はキネヘアルドと呼ばれた王子を追放したかった)

こうした例がやがて助動詞の用法の発達につながることは，想像に難くないと思います。

では，まず，(11) に示す may の文法化の過程を見てみましょう。

(11) may の文法化
〈意味変化〉

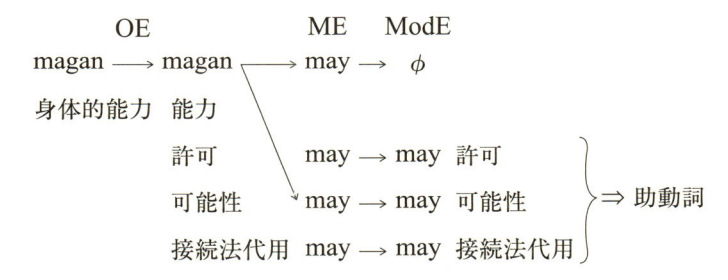

```
        OE              ME      ModE
magan ⟶ magan ─────⟶ may ⟶  φ
身体的能力  能力    ╲
         許可       may ⟶ may 許可      ⎫
         可能性  ╲  may ⟶ may 可能性    ⎬ ⇒ 助動詞
         接続法代用 may ⟶ may 接続法代用 ⎭
```

〈構造変化〉
[$_{VP}$ magan [$_{VP}$ ...]] > [$_{IP}$ [$_{I'}$ may [$_{VP}$ ...]]]

つまり，古英語の身体的能力を表す動詞 magan から，語用論的推論[1] を通じて，許可や可能性を意味する動詞 magan が生じ，やがて助動詞として機能投射 IP の主要部として文法化したと考えることができます。なお，(7) にある may の主語の視点の意味が欠落している点についてですが，(11) により，もともとあった能力の意味が文法化の結果消失したためであることがわかります。[2]

---

[1] Hopper and Traugott (2003) 等で議論されている文法化の意味変化のメカニズムで，「~することができる」から「~がありうる」という可能性の読みや「~してもよい」という許可の読みが，解釈可能な文脈から，語用論的含意として生じたという考え方です。

[2] may の能力の意味の消失は，(15) の can との競合の結果と考えられま

さて，ここで，一つ注意すべき点があります。それは，身体的能力から許可および可能性の意味への変化は，(12) に示すように，すでに古英語の時期に存在していたということです。[3]

(12) a. ne *miht* þu lencg tun-scire bewitan.
    not can you longer administration lead
    (WSG, Lk 16.2)
    (もう管理を任せておくわけにはいかない)

  b. Ac hu *mag* ðær þonne synderlice anes rices
    but how can there then singly any great
    monnes nama cuman ...?
    man's name come (Bo 18 42.31)
    (だが，いかにして偉大なものたちの名だけがそこに届くだろうか)

(12) のいずれの例も，不定詞を補部にとっており，後の助動詞の用法の発達が予感されます。しかしながら，(12a) で見られるように，否定辞 ne が miht に先行している点などから本動詞的特徴も見受けられます (第 8 章を参照)。

す。

[3] ただし，(12b) は客観的可能性 (「... があり得る」の意味) であり，主観的可能性の例が出るのは，OED (s.v. *may*) によれば，(i) の 1205 年が初例となっています。

  (i) þu *miht* biwinnen lufe of hire cunnen. (Laʒamon 15524)
    (お前は彼女の愛を勝ち取ることができるかもしれない)

この点から，実際の主観化 (Subjectification) については中英語以降であると考えられます。

また，(13)の接続法の代用表現としてのmaganもまたこの時期にその萌芽を持っていました。

(13) þæt   hig   *mihton* hine niman
　　 so that they might   him arrest   (WSG, Jn 11.57)
　　 （彼らが彼を捕らえるために）

つまり，古英語後期から顕著になる動詞の接続法屈折語尾の衰退と期を同じくして，その代用表現としてのmayが現れ始めたと考えられます。なお，(14)のような祈願の意味を表すmayもまた，当時の接続法の代用として発達したものと考えられます。[4]

(14) *May* you both have long and happy lives!
　　 （あなたたち二人が末長く幸せに暮らせますように）

次に，(15)のcanについても同様な過程を想定できます。

---

[4] 古英語では，(i)のような主節での接続法の用法があり，現代英語でも，Long live the Queen!（女王陛下万歳）等にその名残を残しています。
　(i) God   þe   sie   milde
　　 God   to you be-接続法現在3人称単数   merciful
　　　　　　　　　　　　　　　　　　　　　　(Sweet (1953: 52))
　　（神のご加護があらんことを）

(15) can の文法化
　　〈意味変化〉

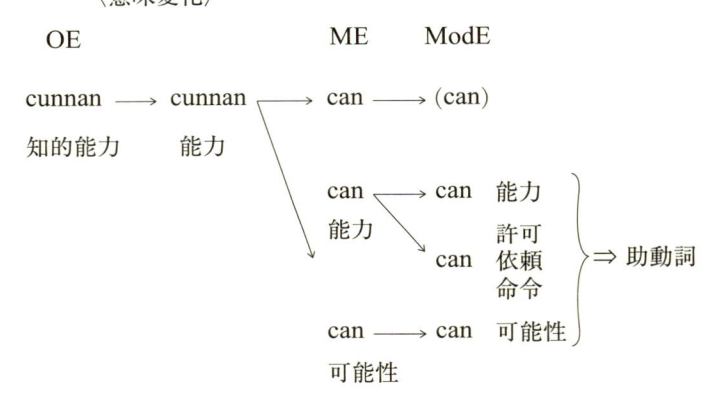

OE		ME	ModE

cunnan ⟶ cunnan ⟶ can ⟶ (can)
知的能力　　能力

　　　　　　　　　　can ⟶ can　能力　⎫
　　　　　　　　　　能力　　　　　　　 ⎬
　　　　　　　　　　　　　⟶ can　許可　⎪ ⟹ 助動詞
　　　　　　　　　　　　　　　　依頼　 ⎪
　　　　　　　　　　　　　　　　命令　 ⎪
　　　　　　　　　　can ⟶ can　可能性 ⎭
　　　　　　　　　　可能性

　　〈構造変化〉
　　[$_{VP}$ cunnan [$_{VP}$ ...]] > [$_{IP}$ [$_{I'}$ can [$_{VP}$ ...]]]

can は，may よりも意味変化が遅れて生じますが，知的能力を表す動詞の cunnan が，能力一般を表す意味に拡張し，やがて能力および可能性を表す助動詞に文法化し，IP の主要部として再分析されたと考えられるわけです。なお，本動詞としての can の用法は，OED によると，1875 年が最後の例で，may に比べて後まで残っていました。また，能力から可能性や許可・依頼・命令の意味への変化も，may に遅れて発達しています。

　will の文法化については，次のように想定できます。

(16) will の文法化
　　〈意味変化〉

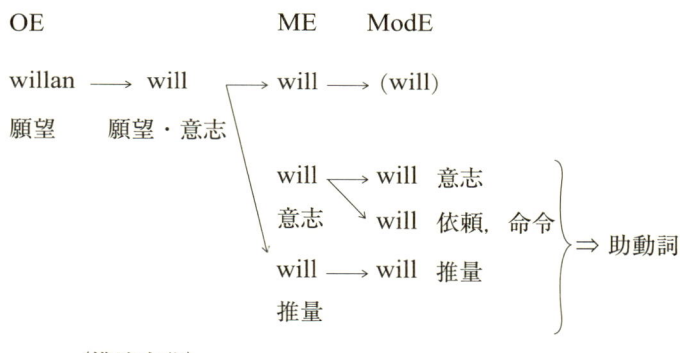

| OE | | ME | ModE |

willan ⟶ will ⟶ will ⟶ (will)
願望　　　願望・意志

　　　　　　　　　　will ⟶ will 意志
　　　　　　　　　　意志　　 will 依頼, 命令　⟩ ⇒ 助動詞
　　　　　　　　　　will ⟶ will 推量
　　　　　　　　　　推量

〈構造変化〉
[$_{VP}$ willan [$_{VP}$ ...]] > [$_{IP}$ [$_{I'}$ will [$_{VP}$ ...]]]

will も may よりは遅れて文法化していきますが, can 同様, 本動詞としての用法も近代英語期まで残りました。[5] なお, 依頼や命令の対人的用法は意志の will から語用論的推論を通じて派生したものと考えられます。

　さて, ではなぜ, 構造的に IP への再分析が必要だったのでしょうか。実は, そこに, 動詞の接続法屈折語尾の消失が一つの大きな要因として考えられます。前節でも述べたとおり, 英語は接続法の屈折語尾の消失に伴い, 話者の心的態度を表す方法が屈折語尾から法助動詞へ移行したと考えられます。すなわち, これ

---

　[5] 現代英語においても, (i) のような用例がその名残として見受けられます。
　　(i)　God *wills* the happiness of all people.
　　　　（神はすべての人々が幸せになることを望む）

まで形態的に豊かな屈折語尾がその役目を果たしていたわけですが，その代わりとして，may や can という動詞が助動詞として IP の位置に現れるようになったわけです。なお，許可や可能性の法助動詞の文法化は，機能語化した後ももとの意味をある程度保持していますので，接続詞の文法化と同様な「意味残存型文法化」の一つと考えられますが，名詞への意味役割の付与が消失した点（直接名詞を目的語とすることができなくなった等）では，語彙の意味構造（「項構造」と言います）を消失していると考えることができると思われます。

第 10 章

不定詞標識 to の文法化と準助動詞の発達

1. はじめに

英語の不定詞は，to 付き不定詞と原形不定詞の 2 種類に分けられます。後者は，助動詞の後ろや，使役・知覚構文等の限られた環境で使われますが，前者は，(1) に見られるように，広い文脈で利用が可能です。

(1) a. *To* swim in this river is very dangerous.
    b. Would you like something *to* drink?
    c. Mary went to France *to* study painting.

さて，ここで使われている to ですが，(2) に見られる to とは関わりがないのでしょうか。

(2) He walks *to* school every morning.

(2) の「to＋名詞」は前置詞句で，(1) の「to＋動詞」は不定詞句

ですので、一見形は同じでもまったく性質の異なるものであると思われます。しかしながら、英語の歴史を紐解くと、両者には深いつながりがあり、これもまた、文法化という過程を通して関係する現象であることがわかります。では、まず古英語での to 不定詞を観察し、後の文法化の過程について考察してみたいと思います。

2. 不定詞標識 to の文法化

さて、古英語の to 不定詞の例として、(3) をご覧ください。

(3) He eode into Godes temple hine *to gebiddenne*
    he went into God's temple himself to pray

(ÆCHom (2) 428.17)

（彼は祈るために神の社に入った）

ここで重要な点は、gebiddenne の原形は gebiddan (=pray) であり、-enne は名詞の与格語尾です。つまり、不定詞は純粋な動詞ではなく、動詞的名詞と考えられ、to は前置詞で、その補部となる不定詞に与格を付与しているというわけです。[1] したがって、

---

[1] 不定詞が名詞起源であるという説明は、(i) のような現代英語の受動不定詞の用法を説明する手がかりを与えてくれます。

(i) Who is to blame for the delay?
    （遅れたのは誰の責任か）

(i) の blame は他動詞で「～を責める」という意味ですので、正確には to be blamed とすべきと思われますが、不定詞がもともと名詞であったため、態に対して中立（たとえば、his education の場合、「彼が行う教育」の意味にも、

第10章 不定詞標識 to の文法化と準助動詞の発達

その意味も，もともとは，「～する方向に」という副詞的意味で，主語や補語としての用法は確立していませんでした。[2]

やがて，動詞の屈折語尾の消失（-an, -enne > -en > -e > φ）に伴い，不定詞はその名詞的性質を失い，動詞として再分析され，同時に，to も前置詞から不定詞の標識へと文法化されていきます。その過程について，以下で詳細を見てみたいと思います。

もともと前置詞であった to が文法化される過程が (4) です。

(4) to の文法化

```
        OE              ME        ModE
   to（前置詞）────→ to ────→ to  ⇒ 前置詞
          ＼弱化
           ＼
            ─→ to ────→ to  ⇒ 不定詞標識
```

古英語では，前置詞 to が，純粋な名詞も，動詞的名詞（不定詞）も補部としてとることができました。しかしながら，動詞の屈折消失と同時に，意味（方向性）が弱化した to が不定詞標識としての機能を獲得していきます。その際，(5) の構造変化が生じたと考えられます。

「彼が受けた教育」の意味にも解釈可能）であったことの名残と考えられます。
　[2] 古英語にも目的語としての用法として，(i) のような例が見られますが，「～する方向に」という意味を含意していると考えられます。
　　(i)　and begunnon ða　　to wyrcenne
　　　　 and began　　then to work
　　　　（そして仕事を始めた）

(5) 不定詞標識 to の構造変化
[$_{PP}$ to [$_{NP}$ V + enne]] > [$_{IP}$ [$_{I'}$ to [$_{VP}$ V]]]

すなわち，前置詞 to が IP の主要部として再分析され機能構造の一部になったと考えられるわけです。なお，第 1 章でも述べたとおり，IP の主要部は時制要素を含む機能範疇で，to 不定詞が時制に対して中立である理由もここにあります。[3] また，こうした構造分析は，(6) の例からも裏付けが得られます。

(6) a. "Why don't we eat out?" （食べに行かない？）
"I'd love *to*." （いいよ）
b. He wanted *to utterly forget* his past.
（彼は自分の過去をすっかり忘れたかった）

(6a) は代不定詞と呼ばれる現象で，助動詞に後続する動詞句が省略されるのと同様な現象（たとえば，I will (eat out).）で，to もまた助動詞と同じ機能範疇（IP の主要部）に属するというわけです。また，(6b) は分離不定詞という現象で，to と不定詞の間に副詞句が介在することになりますが，これは，[$_{IP}$ [$_{I'}$ to [$_{VP}$ 副詞句 [$_{VP}$ 不定詞]]]] という構造と想定すれば，説明がつきます（to が前置詞であるとすると説明できません）。こうした現象が，中英語期

---

[3] なお，不定詞の時制をより明確にするために，中英語期に，(i) の完了不定詞が出現します。
(i) the doore was shutte, and he sett hys honde thereto *to have opened* hit, but he myght nat. (Malory 1015.01)
（扉は閉まっており，彼はそこに手を置いて開けようとしたが，開かなかった）

より観察され始めたという事実は，to の文法化が中英語期に生じた証拠となると思われます。

3. for + 名詞句 + to 不定詞の発達

さて，現代英語で，不定詞の主語を表記する場合，(7) のように，「for + 名詞句」を to 不定詞の前に置くことができます。

(7) *For me* to live all alone is impossible.
　　（私には一人暮らしは無理だ）

しかしながら，古英語の時代，不定詞が主語を持つ構文は存在しませんでした。では，(7) のような構文はどのように発達してきたのでしょうか。

中英語になって初めて，(8) のような主語を伴う不定詞の例が出現します。

(8) it is not good a man to be alone.

(中尾・児馬 (1990: 184))

　　（人は一人でいるのは良くない）

good のような形容詞は，目的語として与格名詞をとることができましたが，古英語から中英語にかけて名詞の屈折語尾が消失し，構造的に曖昧となり，(9) のように前置詞 to や for により意味の強化を受けます。

(9) it is not good *to/for* a man to be alone.

つまり，(8) の a man は本来与格を与えられ，「〜にとって」という利益の意味が存在したのですが，それが弱化したため，(9) では，前置詞 to や for が加えられたというわけです。[4] また，(8) は，a man が good と構造をなすか，to be alone と構造をなすかという点でも曖昧性があり，[5] (9) もまた，そうした曖昧性を継承していると考えられます。その結果，(10) の構造変化を招いたと推測できます。

(10)　[AdjP good [PP for a man]] [IP ϕ [I' to [VP be alone]]]
　　　> good [CP for [IP a man [I' to [VP be alone]]]]

つまり，for a man が形容詞 good と構造をなすのではなく，for は新たな節を導く機能投射構造（CP）の主要部として，また，a man は IP の指定部（主語の位置）として，再分析されたというわけです。こうした構造変化により，CP (for NP to 不定詞) が文の主語としても機能することができるようになり，(7) の文が出現できたわけです。

---

[4] なお，(i) のような英語の与格構文もまた，本来は (ii) のような形態格（直接目的語が対格で，間接目的語が与格）を用いた構文であったものが，前置詞を追加して意味を強化するために，出現した構文と考えられます。
　(i)　John taught English *to* Emi.
　(ii)　hie　tæcen sum　gerad　hiera　geonglingum.
　　　 they teach　some wisdom to their children　　(Sweet (1953: 78))
　　　 (彼らは子供たちに知恵を授ける)
[5] こうした結果，中英語期に，(i) のような裸の名詞句が to 不定詞の主語になるという構文が増加してきます。
　(i)　Now were it tyme a lady to gon henne!　　(Ch T&C Bk3 630)
　　　 (さあ，女性は出て行く時間だ)

4. 準助動詞の文法化

前章で法助動詞の文法化について説明しましたが,この節では,動詞 + to 不定詞が準助動詞として再分析される文法化を観察してみたいと思います。準助動詞には,be going to, be able to, have to, ought to, used to などが含まれますが,本節では,be going to と have to を中心に,その文法化の過程を概観し,その構造的変化について考えたいと思います。

4.1. be going to の文法化

英文法の初歩の段階では,あたかも will = be going to という等式が成り立つように教えられることがあります。しかしながら,(11) や (12) に見られるように,実際には必ずしも同じ意味を表すとは言えません。

(11) a. A: I've got a terrible headache.(頭がとても痛い)
   B: Oh, have you? Wait there and I *will*/*am going to get medicine for you.
   (そうなの? 待ってて,薬を取ってくるから)
 b. A: Why are you turning on the radio?
   (どうしてラジオをつけるの?)
   B: I*'m going to*/*will listen to the news.
   (ニュースを聞こうと思ってたんだ)
(12) The sky is so dark and it's freezing cold. I think it*'s going to*/*will snow.

(空がとても暗くなって，凍るように寒い。雪が降りそうだ)

意志の意味を表す文脈を持つ (11) において，(11a) では will が，(11b) では be going to がより適格と思われます。その理由として，will は「その場で生じた意志」を表すのに対し，be going to は「すでに決めていた意志」を表すと言われています。また，(12) では，推量の意味を表す文脈ですが，「根拠に基づく推量」を表す be going to が自然であると説明されます。さて，そもそもなぜ，be going to が意志や推量を表すようになったのでしょうか。

be going to の発達は，Hopper and Traugott (2003) でも例として取り上げられる文法化の典型です。本来，go は「行く」という移動の意味が原義であり，意志を表す意味などありませんでした。(13) は be going to の段階的変化の過程です。

(13) a.　She is going [to visit Bill].　　［第 1 段階］
　　　　（彼女はビルを訪ねに行く）
　　b.　She [is going to] visit Bill.　　［第 2 段階］
　　　　（彼女はビルを訪ねるつもりだ）
　　c.　She [is going to] like Bill.　　［第 3 段階］
　　　　（彼女はビルを好きになるだろう）
　　d.　She [is gonna] like/visit Bill.　［第 4 段階］

(13a) では，to visit Bill が目的を表す副詞的用法の不定詞句で，go は移動を意味する本動詞として使われています。(13b) では，is going to が助動詞として再分析され，visit が本動詞の役割を

担いますが，この時点では不定詞はあくまで動作動詞に限られます。(13c)の第3段階では，類推により，状態動詞（like）もまた利用可能となり，意味も推量へと拡張していきます。(13d)では，音韻・形態的にgoingとtoが一語となり，一層助動詞に近づいています。

では，こうした変化はいつ頃生じたのでしょうか。OED (s.v. *go*) によると，未来の意味を持つ助動詞としての初出例を中英語後期に見いだしています。

(14) Thys onhappy sowle ... *was goying to* be broughte into helle for the synne　　(1482, Monk of Evesham (Arb.) 43)
（この不幸な魂はその罪のために地獄に落とされるところであった）

(14)では，goの移動の意味もまだ残存しているとも考えられますが，続くto be broughteの部分が受動態となり主語の意志性が薄らいでおり，その後の死者の審判が近接未来を含意するため，未来の助動詞としての用法に近くなっていると思われます。なお，OED (s.v. *go*) における推量の意味の初出例は，(15) に見られる19世紀後半のもので，かなり遅れて発達したと推測されます。

(15) It seems if it were going to rain.
　　　　　　　　　　　　(1890, Chamb. Jrnl. 14 June 370/2)
（今にも雨でも降り出しそうだ）

以上のbe going toの文法化の過程を図示したものが，(16) とな

ります。

(16) be going to の文法化

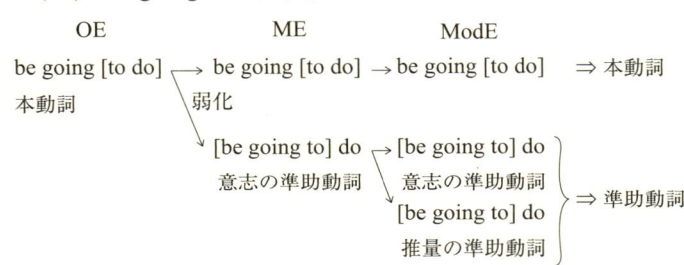

```
            OE                  ME                    ModE
be going [to do] ┬→ be going [to do] → be going [to do]    ⇒ 本動詞
本動詞            │   弱化
                 │
                 └→ [be going to] do ┬→ [be going to] do ┐
                    意志の準助動詞    │   意志の準助動詞   │
                                     │   [be going to] do ├⇒ 準助動詞
                                     │   推量の準助動詞   │
                                     └                    ┘
```

すなわち，be going to は，中英語期に意味の弱化を伴う再分析の結果，意志を表す準助動詞となり，法助動詞の場合と同様に主観化の結果，推量の準助動詞としての用法が生まれたと考えられるわけです。

なお，こうした文法化の背後には，(17) の構造変化があったと推測できます。

(17) [$_{VP}$ be going [$_{PP}$ to do]] > [$_{VP}$ be going [$_{IP}$ to do]] > [$_{IP}$ [$_{I'}$ [$_I$ be going to] [$_{VP}$ do]]]

すなわち，もともと本動詞 go の付加部（目的を表す前置詞句）であった to do の to が，be going と単一の構成素をなして，IP の主要部として再分析されたというわけです。前章で説明した法助動詞の場合に，単一の動詞が IP の主要部として再分析されたことと，並行的になっていることがわかります。

4.2. have to の文法化

have to = must もまた，よくある等式です。しかしながら，ここでもまた，意味に違いが存在します。

(18) a. I *must* do some more work; I want to pass my exam.
（もう少し勉強しておかなくては。試験に受かりたいので）
b. In my job I *have to* work from nine to five.
（私は仕事で，9時から5時まで働かなくてはならない）

(18a) の must は，話者自身に内在する主観的義務意識を表すのに適しており，(18b) のように，外部から課せられる客観的義務意識の場合は have to がより適当であるというものです。また，主観的義務意識と客観的義務意識が交錯する場合，(19) のような表現もまれに生じます。

(19) You *must have to* leave as soon as possible.
（できるだけ早く発たないといけません）

なお，初めは米語から始まったとされる (20) の推量の用法も，現在ではイギリス英語でも普通に見られるようになっています。

(20) He *has to* be joking.
（彼は冗談を言っているにちがいない）

また，次の文を比較してみてください。

(21) a. I have to do something.
b. I have something to do.

ほぼ同じ意味を表す文と考えられますが，(21a) の have to は準助動詞で，(21b) の have は本動詞と考えられます。こうした意味的・文法的違いが，実は文法化と大きく関わっていることを以下で観察したいと思います。

さて，have to の準助動詞化はいつ頃から始まったのでしょうか。(22) は，OED (s.v. *have*) による義務の意味を表す have to の初例です。

(22) He wende forþ his wey hwer he *hedde to* gon.

(a1300 Passion our Lord)

（彼は行くべきところに進んで行った）

また，Jespersen (1909–49: V, 204) では，(23) に示す 14 世紀末のチョーサーからの例が挙げられています。

(23) I moot go thider as I *have to* go.

(Ch *CT* PardT 749)

（行くべきところに行かなくてはならないのです）

こうした例から，中英語には準助動詞 have to が出現していたと推測されます。

では，準助動詞 have to はどのような経緯で発達してきたのでしょうか。その手掛かりとして，(24) の古英語の例があげられます。

(24) Ic hæbbe þe   to secgenne sum ðing. (WSG, Lk 7.40)
     I have to you to say   something
　　（あなたに言いたいことがある）

(24) の sum ðing (something) は，secgenne (say) の目的語であると同時に，hæbbe (have) の目的語でもあります。すなわち，(21b) の文と同様に，hæbbe は本動詞であったと考えられます。こうした意味の同義性をはらんだ構文が，中英語期の語順の変化 (OV から VO へ) の過程で，have と to do が隣接する頻度が増し，have to として再分析されたものと考えられるわけです。

(25) は have to の文法化の過程を図示したものです。

(25) have to の文法化

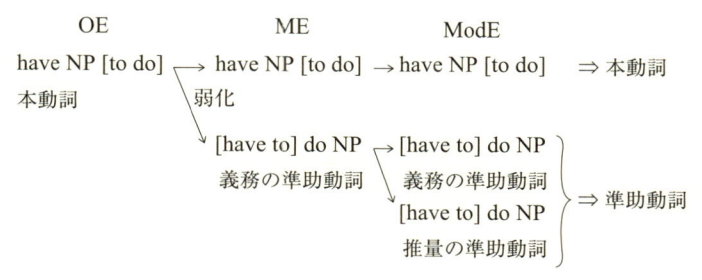

```
         OE              ME                  ModE
have NP [to do]  → have NP [to do]  → have NP [to do]    ⇒ 本動詞
本動詞            ↓
                弱化
                ↓
                [have to] do NP  → [have to] do NP  ⎫
                義務の準助動詞       義務の準助動詞      ⎬ ⇒ 準助動詞
                                   [have to] do NP  ⎪
                                   推量の準助動詞    ⎭
```

上記の文法化の過程で，大切な点として，have の意味の弱化（本来の所有の意味の消失）があげられます。それに伴い，NP は不定詞の目的語としてのみ解釈されるようになり，have to が準助動詞として再分析されたと考えられます。(26) は，その構造的変化です。

(26) [$_{VP}$ have [$_{NP}$ NP [$_{PP}$ to do]]] > [$_{VP}$ have [$_{IP}$ to do NP]]] > [$_{IP}$ [$_{I'}$ [$_I$ have to] [$_{VP}$ do NP]]]

つまり，(17) で示した be going to の再分析の過程と同様に，不定詞標識の to が意味の弱化した have と単一の構成素をなし，IP の主要部として再分析されたと考えられるわけです。こうした文法化が順次生じ，その他の準助動詞 (be able to, ought to, used to 等) も生まれてきたと推測できます。

第 11 章

進行形の文法化

1. はじめに

　(1) の日本語を英語にすると，(2) の二つの英文が考えられます。

　(1)　一郎は東京に住んでいる。
　(2) a.　Ichiro lives in Tokyo.
　　　b.　Ichiro is living in Tokyo.

(2) の場合，いずれも文法的に正しい文ですが，意味に違いが存在します。(2a) の現在形は永続的な意味合いがあり，たとえば，一郎が東京で生まれ現在も東京に住んでいるという解釈が可能です。それに対して (2b) の文は，一郎が何らかの事情（進学や就職など）で一時的に東京に住んでいるという解釈となります。(1) の日本語はどちらの解釈も含むため，英訳する場合は文脈を十分に検討する必要があるわけです。

さて，こうした意味の違いを生んでいるものが進行形という文法形式であることは明白です。またこうした進行形の用法は日本語にはないもので，英語学習の初期の段階から注意して学ぶべき内容です。しかし，一見英語に特徴的な現象と見られる進行形も，実は歴史的に見ると，新参の文法現象であり，文法化の結果できたものです。では，まず，古英語の進行表現について見てみましょう。

2.　古英語の進行表現

　「誰かが何かをしている」という表現は，日常的なもので，一見どの言語にも同様な文法形式があると思われがちです。しかしながら，ヨーロッパの諸言語にも，進行形という文法形式を持つ言語は多くありません。(3)はフランス語の進行表現，(4)はドイツ語の進行表現（共に，「今本を読んでいる」の意味）です。

(3)　Je　*lis*　un livre　maintenant.
　　　I　read　a book　now

(4)　Ich　*lese*　jetzt　ein　Buch.
　　　I　read　now　a　book

(3), (4)からわかるとおり，フランス語やドイツ語には英語の進行形にあたる文法表現はありません。そのかわり，副詞（maintenant, jetzt）によって今現在の出来事であることが明確になります。実は古英語もこれと同様で，現代英語に見られる進行構文は

存在しなかったと考えられています。しかしながら，それに類した表現は存在しました。

 (5) Hie wæron huntende.
   they were hunting   （橋本 (2005: 151)）

実は古英語の現在分詞の語尾は -ende であり，-ing は動詞の名詞化語尾でした。したがって，(5) は形式的には「be +現在分詞」ですが，「~が ... の状態で存在する」という原義的意味を保持していて，「彼らは狩りをして生活していた > 彼らは猟師であった」という意味を表し，現代英語のような「彼らは狩りをしている最中であった」という意味を表してはいませんでした。しかし，(6) のように，非完結的意味を持つ一部の自動詞の場合は，「彼らはその町に住んでいた」という現代英語の進行形に近い意味で解釈することが可能でした。

 (6) Hie wæron wuniende on þære byrig.
   they were living in the city

すなわち，古英語の「be +現在分詞」は動詞の種類や文脈により，永続的および一時的の両方の意味を含意可能だったと考えられます。

 さて，こうした仮説を裏付ける証拠として，(7), (8), (9) の古英語の例を見てみたいと思います。

 (7) a. soðlice he wæs hi lærende swa se þe anweald hæfð,
    næs swa boceras.   (WSG, Mk 1.22)

b. for he taught them as one having authority, and not
　　　　 as the scribes. (NRSV, Mk 1.22)
　　　　（彼は律法学者のようではなく，権威のある者としてお教え
　　　　になったからである）
(8) a. Ða wæs he restedagum on hyra gesamnunge
　　　　 lærende. (WSG, Lk 13.10)
　　　b. Now he was teaching in one of the synagogues on
　　　　 the sabbath. (NRSV, Lk 13.10)
　　　　（安息日に，イエスはある会堂で教えておられた）
(9) a. And þæt folc wæs Zachariam geanbidiende,
　　　　　　　　　　　　　　　　　　　　　(WSG, Lk 1.21)
　　　b. Meanwhile the people were waiting for Zechariah,
　　　　　　　　　　　　　　　　　　　　　(NRSV, Lk 1.21)
　　　　（民衆はザカリアを待っていた）

(7)では，同一文脈の現代英語から，永続的な意味が読み取れ，古英語では，be＋現在分詞が使われているのに対し，(8)では，一時的な意味が含意されている文脈で，be＋現在分詞が使われています。また，(9)でも，やはり一時的な意味を表す文脈で，be＋現在分詞が使用されています。このように，古英語のbe＋現在分詞は文脈により永続的および一時的両含意を持ち得ると考えることができます。

　しかしながら，進行構文の初期の発達で重要な点は，現在分詞の部分ではなく，むしろbe動詞そのものにあると言えます。つまり，本来be動詞は存在の意味を表していましたが，やがてそ

の意味が希薄化し,本動詞から助動詞へと文法化していくわけです。

進行形の起源としてはまた,(10)のような構文も指摘されています。

(10) Hie wæron on/in hunting.　　　　(橋本 (2005: 152))
(= they were in the course of hunting)

これは,前置詞 on/in + 動詞の名詞形 (V-ing, V-ung) で,(10) は「彼らは狩りをしている最中にあった」という一時的意味を表します。やがて,現在分詞の V-ende 形と動詞の名詞形である V-ing 形の語尾が音韻的に不明瞭になり,共に V-ing 形となりました。また,(10) のタイプの構文は,中英語・初期近代英語において,(11) に見られるような be + a + doing の連鎖となり,やがて a が落ちて,be + doing となりました。

(11) Whither were you a-going?　　　　(Sh Hen 8, 1.3.50)
(どこへ行こうとしていたのですか)

その後,この構文は,(12) のような受動進行形と呼ばれる構文を生み出すことになります。

(12) The house is building.
(家が建てられている)

(12) では,もともと building は名詞だったため,態に中立であり,受動的な解釈も可能になっていると考えられるわけです。

(6) の例で見たとおり,進行形の発達はもともとあった be + 現

在分詞の構文の文法化がその主因であると考えられますが，be + on + V-ing 構文もまた一時的意味に特化した構文として，後の進行形の発達に関わるものと考えられます。では，その文法化の詳細について，次節で考えてみたいと思います。

3. 進行形の文法化

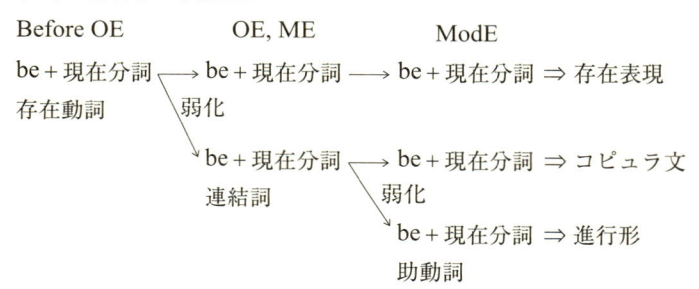

まず，進行形の文法化の過程を図示したものが，(13) です。

(13) 進行形の文法化

Before OE	OE, ME	ModE

be + 現在分詞 ──→ be + 現在分詞 ──→ be + 現在分詞 ⇒ 存在表現
存在動詞　　　　　弱化
　　　　　　　　　↘ be + 現在分詞 ──→ be + 現在分詞 ⇒ コピュラ文
　　　　　　　　　　連結詞　　　　　　　弱化
　　　　　　　　　　　　　　　　　　　↘ be + 現在分詞 ⇒ 進行形
　　　　　　　　　　　　　　　　　　　　助動詞

実は，進行形の発達には，二つの文法化の過程が存在します。まず一つは，古英語期までに，本動詞の BE が，存在の意味を希薄化し連結詞（Copula）（現代英語の補語を伴う BE 動詞）となる変化です。[1] なお，本動詞としての用法は，現代英語にも，God is. のような英語にかすかに残っています（なお，存在構文については第3章を参照のこと）。もう一つは，近代英語期以降，進行相を明示す

---

[1] 日本語の連結詞「です」，「である」もまた，存在を表す動詞「ある」から派生したものと考えられています。

る機能を持つ助動詞として再度文法化された過程です。なお，現代英語でも，(14) のように，連結詞 BE + 現在分詞の構文が助動詞 BE + 現在分詞の構文と併存していると考えられます。

(14) a.　This book is *very* interesting.
　　　b.　*The water is *very* boiling.

(14a) の文では，interesting を very で修飾することが可能ですが，(14b) の文では，boiling を very で修飾することは容認されません。これは，interesting と boiling の品詞の違い（前者は形容詞，後者は動詞）と見るのが一般的ですが，be の特質の違い（前者は連結詞，後者は助動詞）と見ることによっても，説明することができると思われます。

また，(15)，(16) は古英語と現代英語の聖書から引用した例ですが，二つの現代英語訳の差が興味深く感じられます。

(15)　Twa　　*beoð*　æt　cwyrne　*grindende*;　(WSG, Mt 24.41)
　　　two　　are　　at　mill　　grinding
　　（二人の女性が水車小屋で臼を引いている）

(16) a.　Two women will *be grinding* meal together;
　　　　　　　　　　　　　　　　　　　　　　(NRSV, Mt 24.41)
　　　b.　Two women will *be* at a mill *grinding* meal.
　　　　　　　　　　　　　　　　　　　　　　(TEV, Mt 24.41)

すなわち，(15) の古英語では，be はあくまで存在を表す本動詞と考えられますが，現代英語訳の (16) を見ると，(16a) は助動

詞化した be の例，(16b) は本動詞としての be の用法が残存している例と考えられるわけです。

では，進行形への構造的変化を (17) に示します。

(17) 進行形への構造変化
[$_{VP}$ NP [$_{V'}$ be [$_{AP}$ 現在分詞]]] > [$_{CopP}$ NP [$_{Cop'}$ be [$_{AP}$ 現在分詞]]] > [$_{IP}$ NP [$_{I'}$ be [$_{VP}$ 現在分詞]]][2]

つまり，BE 動詞は，まず存在の動詞から意味の希薄化が起こり，連結詞 (Copula) の BE となり，最終的に，進行相を明示する機能を持つ IP の主要部へと文法化していったと考えられるわけです。ただし，進行相が確立するのには時間がかかり，18 世紀になりようやく進行形が一般化します。その間は，be は本動詞および連結詞として解釈されていたものと考えられます。

最後に，1 節で提示した現在形と進行形の意味の違いについて，触れておきたいと思います。(5) で示したように，古英語では，BE + V-ende の構文自体に，一時性は含意されていませんでした。では，なぜ現代英語で現在形との対立が生じたのでしょうか。その大きな要因に，(17) で示した構造の変化が考えられます。すなわち，連結詞の BE + V-ing の場合はあくまで恒常的な性質の叙述 (This book is interesting. など) が基本でしたが，IP の主要部として分析された BE に新たに相 (Aspect) を明示する機能が生まれ，文に一時性の意味を帯びさせたと考えられます。ま

---

[2] CopP は，Cop (=Copula) を主要部とする機能範疇の投射構造を意味します。

た，その意味変化の引き金を引くことになったのが，2節で触れた be + on + V-ing 構文であったと考えられます。

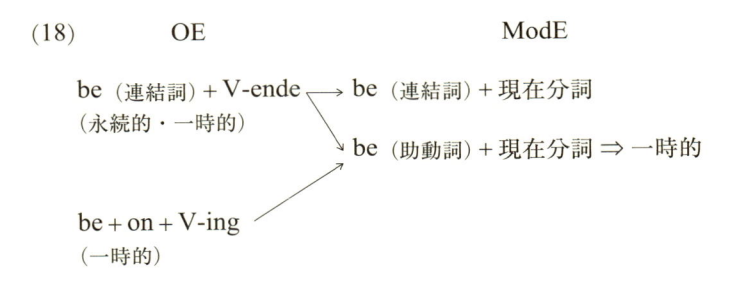

(18)　　　　　OE　　　　　　　　　　　ModE

　　　be（連結詞）+ V-ende ──→ be（連結詞）+ 現在分詞
　　　（永続的・一時的）　　↘
　　　　　　　　　　　　　　　be（助動詞）+ 現在分詞 ⇒ 一時的
　　　　　　　　　　　　　↗
　　　be + on + V-ing
　　　（一時的）

つまり，(18) に示すように，be の助動詞化の過程で，be + on + V-ing 構文により，be + 現在分詞に内在している一時的意味が強化され，現代英語の進行形構文に反映されたものと考えられるというわけです。

第 12 章

完了形の文法化

1. はじめに

　しばしば，現在完了形と過去形の意味の差を判断することが難しい場合があります。たとえば，日本語の「鍵をなくした」という文を英訳する場合を考えてみてください。(1) に示す二つの英訳が可能性として考えられます。

(1) a.　I lost my key.
　　b.　I have lost my key.

では，どちらを選ぶべきでしょうか。実は，(1) の二つの文には意味の差が存在します。(1a) では，「過去のある時点でなくした」ということだけを述べていて，現在の状態については言及がありませんが，(1b) では，「過去のある時点でなくし，今も見つかっていない」という含意を持ちます。これを図示すると (2) となります。

(2) a. I lost my key.

　　　　lost　　現在

　b. I have lost my key.

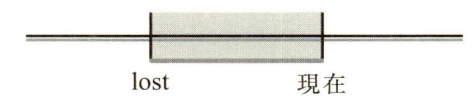

　　　　lost　　現在

すなわち，(2a) の過去形が点的時制表現であるのに対し，(2b) の完了形は線的時制表現であると言えます。したがって，(3) のように，完了形は過去の一点を明示する語句と一緒に用いることができないわけです。

(3) a. I went there *three years ago*.
　b. *I have gone there *three years ago*.

では次に，(4) の意味の違いを考えてみてください。

(4) a. Did you see Ann this morning?
　b. Have you seen Ann this morning?

共に「今朝アンに会いましたか」という意味で，一見差が無いように見えますが，実は，(4a) は午後の質問であるのに対して，(4b) は午前中に行われた質問と考えられます。そこで，(2) で指摘した点的時制と線的時制の違いに再度着目してください。すなわち，(4a) では this morning を過去の点として扱いますが（したがって，話者は this morning の外にいる），(4b) では this morning

を現在までつながる線として解釈できます（したがって，話者は this morning の内にいる）。こうして，(4a) を午後の質問，(4b) を午前中の質問と解釈できるわけです。

　日本語ではこうした意味の差を異なる文法表現として表すことができませんので，(1) や (4) の意味の違いを難しいと感じられるのだと思われます。しかしながら，実は，英語も昔は，こうした意味の差を表す文法表現が十分に確立していなかったと言ったら驚くかもしれません。完了形の歴史について見てみましょう。

2. 古英語の完了表現

　古英語の時代には，現代英語の完了表現に類したものが2種類ありました。「have + NP（目的語）＋過去分詞 (pp)」(have 完了形) と「be + 過去分詞 (pp)」(be 完了形) です。

2.1. HAVE 完了形

　まず，現代英語で完了形と言えば，have +過去分詞の形式を思い浮かべると思います。古英語でもこの形式の表現はありましたが，have + NP + 過去分詞（他動詞）が基本でした。つまり，(5) に示すように，「魚を捕らえられた状態で持っている」という意味で，have は本動詞の所有の意味を保持しており，含意として，「魚を捕まえた」という意味が生まれてきたと考えられます。

(5)　ic hæbbe þone fisc　　　　　　gefangenne.
　　　I　have　the fish（男性単数対格）　caught（男性単数対格）

'I have the fish caught. > I have caught the fish.'

なお、古英語では、(5) に見られるように、過去分詞と目的語との間に性・数・格の一致があったという点も注意が必要です。すなわち、当時の have + NP + 過去分詞の構文は、have +[NP + 過去分詞] として考え（したがって、NP と過去分詞の間に一致が存在する）、「NP が過去分詞である状態を所有する」という意味解釈が妥当と思われます。

2.2. BE 完了形

古英語では、現代英語とは異なり、(6) に示すとおり、BE 動詞 + 過去分詞が完了形として使われることがありました。

(6) þa　　hyt *wæs* æfen　　*geworden*
　　 when it　 was　evening become　　　(WSG, Mt 20.8)
　　 （夕方になって）

ただし、過去分詞は自動詞（特に動作・状態の変化を表す変移動詞）に限られましたが、こうした BE 完了形は、初期近代英語期まで頻繁に見られました。なお、現代英語でも、(7) にその名残が見られます。

(7) a.　I am finished. （もう終わりました）
　　 b.　Everything is changed. （すべて変わってしまった）
　　 c.　Winter is gone. （冬が過ぎ去った）

では、次節で、両完了形の文法化の過程について考えたいと思い

ます。

3. 完了形の文法化

まず，(8) に示す過程が，have 完了形の文法化です。

(8)　have 完了形の発達

```
OE                    ME                  ModE
have + NP + pp ──→ have + NP + pp ──→ have + NP + pp ⇒ 使役構文
所有動詞          ╲   弱化
                   ╲
                    ╲→ have + pp + NP ──→ have + pp + NP ⇒ 完了形
                       助動詞　本動詞
```

さて，ここで，have + NP +過去分詞構文の発達について見すごしてはならない点があります。それは，(9) のように現代英語でもこの構文が存在するということです。

(9) a.　I *had* my hair *cut*.　（髪を切ってもらった）
　　b.　I *had* my purse *stolen*.　（財布を盗まれた）
　　c.　They *had* their plans *made*.
　　　　（計画を立て終わっていた）

(9a) は使役の意味（「してもらう」）を，(9b) は受身の意味（「される」）を，(9c) は遂行の意味（「する」）が感じられます。いずれにしても，「NP が pp の状態を所有する」という原義が存在し，文脈により使役や受身や遂行の意味が含意されるわけです。なお，(9) の have は音的にも強形で本動詞と考えられます。また，こ

こで大切な点は，(9a) と (9b) では行為 (cut, steal) を行う人が文の主語とは異なるのに対し，(9c) では行為 (make) を行う人が文の主語と一致している点です。つまり，(9c) においては，have の意味は希薄化しやすく，They had made their plans. にも意味が近くなっているわけです。なぜ have + NP + 過去分詞構文が完了形として発達したかの大きな要因の一つが，この語用論的な含意にあると思われます。(10), (11) はこうした変化を現在に伝える好例です。どちらも聖書からの引用文ですが，古英語から現代英語までの各時代の変化を見渡すことができます。

(10) Luke 13.6

a. Sum man *hæfdo* an fic-treow *geplantod* on his wingearde; (WSG)

b. A man *hadde* a fige tre *plauntid* in his vynʒerd, (Wyclif)

c. A certaine man *had* a figtree *planted* in his Vineyard, (AV)

d. A man *had* a fig tree *planted* in his vineyard; (NRSV)

(ある人がぶどう園にイチジクの木を植えた)

(11) John 13.12

a. Syððan he *hæfde* hyra fet *aþwogene*, (WSG)

b. And so aftir that he *hadde waischun* the feet of hem, (Wyclif)

c. So after he *had washed* their feet, (AV)

d.　After he *had washed* their feet,　　　　　(NRSV)
　　　（イエスが弟子たちの足を洗った後で）

(10) および (11) とも，古英語では have + O +過去分詞の構文ですが，現代英語では，(10) は本動詞 have を持つ構文へ，(11) は完了構文へと発達します。その違いは，(10) では，前後の文脈から plant するのは庭師で文の主語と異なりますが，(11) の wash の主語は彼（キリスト自身）であり，文の主語と一致します。こうした含意が構文の発達に大きな影響を与えたと考えられます。

　なお，意味が希薄化した have は目的語に意味役割を付与する力を失い，代わって目的語は過去分詞から意味役割を付与されるようになり，have の目的語は過去分詞の目的語へと変わると考えられます。同時に過去分詞も古英語の形容詞的役割から動詞的役割へ変化し，(12) の have の文法化という構造変化がもたらされたと考えられます。

(12)　[$_{VP}$ have（本動詞）[$_{SC}$ NP pp（形容詞）]] > [$_{IP}$ [$_{I'}$ have（助動詞）[$_{VP}$ pp（本動詞）NP]]]

(12) の最初の段階では，have は本動詞として，「NP が pp の状態を所有する」（SC は small clause の略で，主部・述部の関係を持つ小節構造を表します）という意味をもっていましたが，やがて，have の所有の意味が希薄になり，機能構造 IP の主要部へと再分析され，NP は pp（本動詞）の目的語として再解釈されたと考えます。

　次に，BE 完了形についてですが，(13) の変化の過程が想定さ

れます。

(13) BE 完了形の発達

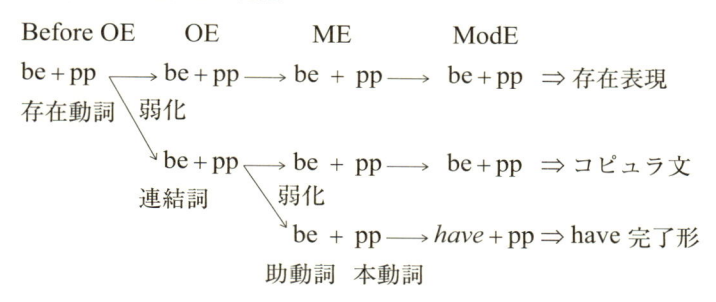

```
Before OE      OE           ME            ModE
be + pp ──→ be + pp ──→ be + pp ──→ be + pp  ⇒ 存在表現
存在動詞    ↘弱化
           be + pp ──→ be + pp ──→ be + pp  ⇒ コピュラ文
           連結詞    ↘弱化
                    be + pp ──→ have + pp ⇒ have 完了形
                    助動詞    本動詞
```

実は, ここにも, 進行形の文法化と同様に, 連結詞への文法化の過程を想定できます。すなわち, 古英語期までに, 本動詞の BE が, 存在の意味を希薄化した連結詞となり文法化したわけです。しかしながら, 中英語期以降, 本来なら完了相を明示する機能的助動詞に発達すべきところ, 次章で述べる受動態との形態的重複により, 他動詞構文ですでに IP の主要部へと文法化していた have がその役割を引き継いだと考えられます。なお, (7) で示した BE 完了形の名残の表現ですが, (14) に示すように, 現代英語でも BE が依然連結詞としての機能を果たしていると考えると合点がいきます。

(14) The rain *is* over and gone!
　　　（雨はすっかり上がった）

では, 最後に, be 完了形の構造変化を (15) に示します。

(15) [$_{VP}$ NP [$_{V'}$ be [$_{AP}$ pp]] > [$_{CopP}$ NP [$_{Cop'}$ be [$_{AP}$ pp]]]
 (> [$_{IP}$ NP [$_{I'}$ have [$_{VP}$ pp]]])

つまり，BE 動詞から連結詞への文法化は進行形と同様ですが，残念ながら，IP の主要部への文法化は，have に取って代わられたため，生じなかったと考えられるのです。

第 13 章

受動態の文法化

1. はじめに

(1) の英文を受動態にすると，(2) の二つの文ができ上がります。

(1)　He gave her the birthday present.
(2) a.　The birthday present was given (to) her (by him).
　　b.　She was given the birthday present (by him).

では，(3) の英文の受動態はいかがでしょうか。

(3)　Mary cooked us Christmas dinner.

実は，(4a) の場合，for の省略はできず，(4b) は文の容認度がかなり下がります。

(4) a.　Christmas dinner was cooked *(for) us by Mary.

b. ??We were cooked Christmas dinner by Mary.

どうして同じ二重目的語構文の受動態であるにもかかわらず，こうした差が出るのでしょうか。英語の歴史を眺めてみると，実は，古英語の時代には，(2b), (4b) の受動態は存在していませんでした。英語の受動態がどのような歴史をたどってきたか，観察してみたいと思います。

2. 受動態の発達

さて，古英語には，(5) に示すように，受動態の形式は3種類存在しました。

(5) a. 屈折受動態

   Ic hatte   albanus.

   I am called Albanus   (ÆLS(Alban) 418.62)

 （私はアルバヌスと呼ばれている）

 b. beon 受動態

   ne *bið* þær nænig ealo *gebrowen* mid

   nor is there not any ale brewed among

   Estum, ac þær bið medo genoh

   Estonians but there is mead enough (Or 1 1.17.5)

 （エストニア人の間ではビールは醸造されていないが，ハチミツ酒は豊富にある）

c. weorþan 受動態

 ðone pytt ðe he on *aworpen wearð*

 the abyss that he into cast was (CP 17.112.2)

（彼が投げ入れられた奈落の底）

(5a) は屈折受動態と呼ばれるもので，be 動詞を用いることなく受動の意味となります。これは，ゲルマン語の時代に動詞の屈折変化だけで受動態を表すことができた名残で，古英語では hatan (=call) という動詞だけに受け継がれています。(5b) は beon/wesan (=be) 受動態と呼ばれ，いわゆる現代英語の be +過去分詞の受動態の起源です。(5c) は weorþan (=become) 受動態と呼ばれ，beon 受動態が主に状態の受動態 (The door was closed. =「ドアが閉められていた」) を表すのに対し，weorþan 受動態は動作の受動態の意味 (The door was closed. =「ドアが閉められた」) を受け持つことが多かったと言われています。つまり，現代英語の受動態の直接的な起源は beon 受動態となりますが，その際，状態的な意味での用法が主であったという点が重要です。すなわち，当時 BE +過去分詞は,「〜された状態で存在した」という意味を表し，BE 動詞が存在を表す本動詞としての機能を保持していた可能性があるということです。これは，進行形や完了形で使われた BE 動詞と同様であり，特に完了形の場合は，第 12 章で見たように，BE +過去分詞という同じ構造が使われたため，やがて HAVE +過去分詞に置換されたと考えられます。

 では，中英語以降の発達も含めて，(6) に受動態の変化の過程を図示します。

(6) 受動態の発達

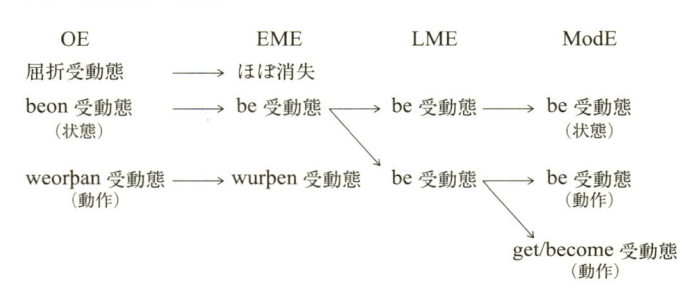

	OE	EME	LME	ModE
屈折受動態	⟶ ほぼ消失			
beon 受動態（状態）	⟶	be 受動態 ⟶	be 受動態 ⟶	be 受動態（状態）
weorþan 受動態（動作）	⟶	wurþen 受動態	be 受動態 ⟶	be 受動態（動作）
				get/become 受動態（動作）

つまり，屈折受動態は古英語期からすでに衰退がかなり進んでいて，中英語・初期近代英語期には古語として形容詞の hight という語が残るだけとなりました。beon 受動態は，本来の状態受動から動作受動へと機能を拡張していき，weorþan 受動態は，初期中英語まで wurþen + pp として動作受動を意味する機能を保持していましたが，12 世紀前半には消滅しました。以降しばらく動作受動を明示する特定の構造がなく，その間 be 受動態が状態と動作の両受動の意味を受け持っていましたが，近代英語に入り，get/become 受動態が動作の受動を明示する構造として確立しました。

では，次節にて，受動態の文法化の過程について見てみましょう。

3. 受動態の文法化

さて，現代英語で受動態といえば，BE + 過去分詞と GET/BE-

COME + 過去分詞が思い浮かびます。しかし，後者の get や become はあくまで本動詞（Was he arrested for speeding yesterday? は文法的ですが，*Got/Became he arrested for speeding yesterday? は非文法的）であり，実際に文法化が完了している受動態は BE 受動態のみと考えられます。(7) はその過程を示します。

(7) BE 受動態の文法化

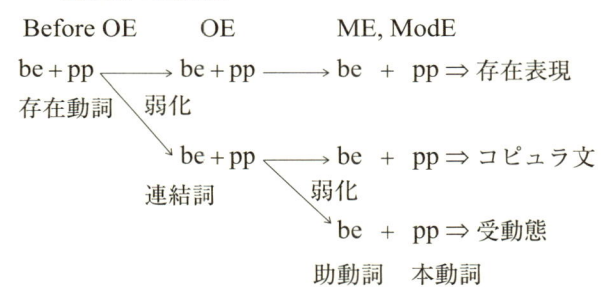

```
       Before OE       OE              ME, ModE
       be + pp ───→ be + pp ───→ be  +  pp ⇒ 存在表現
       存在動詞   ╲  弱化
                  ╲
                   ↘ be + pp ───→ be  +  pp ⇒ コピュラ文
                     連結詞       弱化
                                  ↘ be  +  pp ⇒ 受動態
                                    助動詞　本動詞
```

つまり，進行形や完了形の文法化の場合と同様に，BE 受動態にも二つの文法化の過程が存在し，まず，古英語期までに，本動詞の BE が，存在の意味を希薄化した連結詞となり，中英語期以降，受動態を明示する機能を持つ助動詞として再度文法化されたと考えることができるわけです。したがって，進行形の場合と同様，(8) に見られるような違いが存在します。

(8) a.　We were *very* surprised at the news.
　　b. *We were *very* saved by a fireman.

つまり，(8a) の surprised は形容詞で be は連結詞と考えられ，(8b) の be は受動態を表記する機能を持つ助動詞 be と考えられ

るわけです。

　なお，(9) の例は，受動態と存在構文に深い関係があることをうかがわせます。

(9) a.　There were a lot of people killed in the war.
　　b.　There was nobody in the house.

(9) の各例文は，(10) のように書き換えることが可能です。

(10) a.　A lot of people were killed in the war.
　　 b.　Nobody was in the house.

すなわち，(9) および (10) の be は共に存在の動詞として解釈することが可能であり，(9a) および (10a) を (7) における存在表現の一例として考えることができると思われます。

　また，これを屈折受動態の屈折変化の消失に伴う変化と考えれば，法助動詞の発達とも並行的となります。つまり，法助動詞の文法化では，接続法の屈折語尾の消失が may や can の動詞から助動詞への文法化と関係しますが，受動態の場合，ゲルマン語以前には存在していた態を表す屈折形態が消失したため，BE 動詞の文法化が新たな態の表現法として文法化されたと考えられるというわけです。こうして，この構造変化は (11) のように図示できます。

(11)　BE 受動態の構造変化
　　　　[$_{VP}$ NP [$_{V'}$ be [$_{AP}$ pp]] > [$_{CopP}$ NP [$_{Cop'}$ be [$_{AP}$ pp]]]
　　　　> [$_{IP}$ NP [$_{I'}$ be [$_{VP}$ pp]]]

すなわち，BE 動詞は，まず存在の動詞から意味の希薄化が起こり，連結詞の BE となり，最終的に，受動態を明示する IP の主要部へと文法化していったと考えられるわけです。

4. 二重目的語構文の受動態について

さて，1節で問題としてあげた二重目的語構文の受動態についてですが，古英語では，直接目的語を主語にする受動態は可能でしたが，間接目的語を主語にする間接受動態はなく，(12) のような構文として存在していました。

(12) Me is geseald ælc anweald on heofonan and on eorðan.
　　 me is given　 all power　 in heaven　 and on earth
　　　　　　　　　　　　　　　　　　　　　　(WSG, Mt 28.18)
　　（私は天と地の一切の権能を授かっている）

ここでは，me は与格目的語で，ælc anweald が主語と考えられます。つまり，古英語では，(2a) の The birthday present was given (to) her. は存在していましたが，(2b) の She was given the birthday present. は存在していなかったということになります。それはなぜでしょうか。

古英語では，現代英語に比べ語順が自由であり，(13) のような副詞や名詞句を文頭に移動し，主語と動詞を倒置させる構文 (Verb Second と呼ばれます) が可能でした。

(13) Þone bera   ofslog se hund.
    the bear（対格） killed the dog（主格）
    'The dog killed the bear.'

こうした構文の存在により，(12)のような語順が容認され，あえて間接目的語を主格として文頭に置く必要がなかったものと考えられます。

やがて，中英語期に，動詞の前位置に主語がくる語順（SV）が標準的となり，動詞の前の名詞は主格として認識されるようになりました。(14)は中英語に見られる変化ですが（安藤（2002: 104）参照），(14a)ではまだ古英語の与格受動文の構造が残されており，動詞の前位置に与格の名詞がきていますが，(14c)の受動文では，動詞の前位置に主格名詞がきています。

(14) a. But *me* was toold, certeyn, nat longe agoon is,
    That ....   (Ch WBP 9-10)
    （しかし，私は確かに少し前に … と言われました）

  b. þe Duke *Myloun* was geven hys lyff, And ffleyȝ out off lande wiþhys wyff
           (a1450 *Richard Coer de Lyon*; Denison (1993: 116))
    （ミロン卿は命は許され，妻と共にその地を去った）

  c. as for the Parke *she* is alowyed Every year a dere
           (1375, *Award Blount*; Denison (1993: 110))
    （この公園で，彼女は毎年鹿一頭の狩りを許されている）

こうした変化を起こした要因として，(14b)のような格の曖昧な

名詞 (þe Duke Myloun) が動詞の前に現れる構文があったと言われています。すなわち，英語の格の水平化の結果，名詞の格の区別が困難になり，その結果，語順の圧力が勝り，動詞の前位置に主語がくるという (14c) の構文ができたというわけです。こうして，主語位置が確立し，(12) のような与格が文頭にくる構文は消失し，かわって (2b) のような間接目的語を主語とする受動態が出現したと考えられます。

では，1節で提示した (4) の容認度の違いはどのように説明できるでしょうか。実はここで，大切な点は，動詞の項構造と格の問題です。[1]

(15) a. He gave her a present.
b. He bought her a present.

(15) は共に同じ二重目的語構文と言われています。しかしながら，(16) のように，her を省略した場合，(16a) は非文法的ですが，(16b) は文法的となります。

(16) a. *He gave a present.
b. He bought a present.

つまり，give という動詞は，動作主，受領者，対象物（主題と言います）の三つの項が必須ですが，buy という動詞は，動作主と対象物の二つの項だけが必須のもので，受益者は任意の項となります。(17) をご覧ください。

---

[1] 機能的統語論の観点からの説明としては，Takami (2003) を参照。

(17) a. Mary is the girl that John gave a present.
   b. *Tom is the boy that his father bought a model airplane.

(17a) の受領者の項は関係代名詞化可能ですが,(17b) の受益者の項は関係代名詞化ができません。間接目的語が受領者か受益者かで文法的判断に差が出るわけです。続いて,(18) もご覧いただきたい。

(18) We have enough food to last (us) three days.
   (3日は持ちこたえる食料がある)

(18) の us は,いわゆる「利益の与格」と呼ばれるもので,省略可能な付加的な要素と考えられます。このように,与格には任意の用法(受益者)と義務的用法(受領者)が存在し,前者は現在まで,二重目的語構文の受動化に抵抗し続けていると考えることができるわけです。

第 14 章

形式主語 it の文法化

1. はじめに

it は,英語を学び始めた頃から頻繁に目にする単語で,意味も簡単だと考えがちですが,実は一筋縄ではいかない曲者です。まず,以下の英語をご覧ください。

(1) a. *It* is better for you to stay a little longer.
  (もう少し長く留まったほうがいい)
 b. *It* seems to me that they'll be arriving tomorrow.
  (彼らは明日到着するらしい)
 c. *It* is John that revealed the secret.
  (その秘密をばらしたのはジョンだ)
 d. *It* snows a lot in the northern part of Japan.
  (日本の北の地方では雪が多い)

さて,(1) に見られる it は何を指すのでしょうか。(1a) の場合,

It is better that you (should) stay a little longer. と言い換えることも可能ですので，it は for 以下を指すと言えるかもしれません。では，(1b) はいかがでしょうか。一見，that 以下を指すと言えそうですが，That they'll be arriving tomorrow seems to me. という英語はありません。また，(1c) はいわゆる強調構文（専門的には「分裂文」と呼ばれます）ですが，この it は何を指すのでしょうか。まして，(1d) では，it の指す内容を明示的に述べることは不可能です。こうした意味の判断に困る it が，文の主語として用いられるとき，学校文法では，形式主語（または仮主語）と名付け，(1a) のようにそれに対応する部分がある場合，それを真主語と呼んだりします。しかし，(1b-d) のように指し示す内容が不明瞭な場合もあり，本質的な説明とはなっていません。では，なぜ，こうした不可解な現象がみられるのでしょうか。実は，英語の歴史がその謎を解く鍵を与えてくれます。

2. 非人称構文の衰退

英語になぜ，(1) のような意味の無い it が存在するかと言えば，古英語から初期近代英語の時代にかけて頻繁に用いられた主語の無い構文（「非人称構文」と呼ばれます）の存在をあげることができます。(2) は古英語，(3) は中英語の非人称構文の例です。

(2) a. Nis   na god þisum men ana   to wuniene.
       not is no good for this man alone to live
       'it is not good for this man to live alone.'

(Gen II.18; Visser (1963: 27))

(この者にとって，一人でいるのは良くない)

  b. me sylfum   þynceð, þæt ic na   ne
     me self (DAT) seems that I not-at-all not
     ongyte ...
     understand ...
     'It seems to me that I do not at all understand ...'

(GD2(C) 35.174.18; Denison (1993: 71))

(私はまったく理解していないようである)

  c. norþan   sniwde
     from-north snowed
     'it snowed from the north.'

(Sea 31; Denison (1993: 67))

(北から雪が降ってきた)

(3) Betere ȝou is to swinke.
     'it is better for you to swink.'

(a1475 Jacob & J. 342; Visser (1963: 27))

(汗水垂らして働くほうがよい)

いずれも，現代英語では形式主語の it が必要な構文ですが，主語のない構文として使われています。また，(4) は古英語の分裂文に相当する構文です。

(4) a. hit wære se hælend þe   on ðam strande stod
        it were the lord   that on the strand stood

(ÆCHom II, 17.164.118)

'it were the lord who stood on the strand'

(浜に立っていたのはイエスであった)

 b. myn fæder ys þe   me wuldrað
   my father is the one that me praises

   'It is my Father that glorifies me.' (WSG, Jn 8.54)

   (私に栄光を与えて下さるのは我が父なる神である)

(4a) は現代英語と共通する it のある構文ですが，(4b) は，(2)，(3) の非人称構文と同様，it の無い構文とみなすことができます。

　さて，(4b) の文はどのように考えたらよいでしょうか。Ball (1991) 等の研究により，この文は複合関係詞を持つ構造と考えられ，þe me wuldrað（私を照らしてくれる人）が主語で，補語である myn fæder が文頭にきて焦点が当てられている文と解釈できます。それに従って考えると，(4a) の場合は，複合関係代名詞の節である þe on ðam strande stod（浜辺に立つ人）を hit が受け，文頭に立ち，補語の位置にある se hælend に焦点がきていると考えられるわけです。

　こうして考えると，(1) はいずれも，そもそも it のない文ですので，それが何を指すか不明であっても当然と思われます。実はこうした主語の無い文は，他の言語にも頻繁に見られ，たとえば (5) の日本語の主語は何かと問われると答えに窮しないでしょうか。

 (5) もう大分暗くなってきましたね。

確かに,「空が」や「辺りが」という主語を入れることも不可能ではありませんが,不自然な感じが否めません。

しかしながら,こうした非人称構文も中英語後期を境に急激に減少し, methinks や meseems 等の古語にその姿を残すだけになっています。[1] ではなぜ,非人称構文に形式主語 it を持つ構文が取って代わったのでしょうか。

3. 虚辞 it の文法化

これまで, it を形式主語と呼んでいましたが,実は,専門的には,第3章で扱った there と同様,虚辞(expletive)と呼びます。名称は大きな問題ではありませんが, there と文法的特徴を共有していることは重要な点です。(6) は中英語期に見られた現象で, there 存在文の代わりに, it 存在文が使われています。[2,3]

---

[1] なお,現代英語の as follows や as regards 等の表現もまた,非人称構文の名残であると言われています。

[2] Visser (1963: 52) では,非人称構文の主語として there が使われることがあったとし,(i) の例があげられています。

  (i) For to sle a man ... *ther* behoueth but one stroke wel sette.

                                                   (Caxton, Jason 22)

    (人を殺すには,うまく狙った一撃が必要だ)

[3] なお,現代英語でも,下記の構文は there と it の共通点が感じられます。

  (i) a. *There* is no doubt that the two incidents are related.

        (二つの出来事が関連していることは疑いない)

      b. *It* is no doubt that he will be chosen chairman. [非標準]

        (彼が議長に選ばれるのは間違いない)

また,現代ドイツ語では, (ii) のように,代名詞の es が it と there の両方の機能を持っています。

(6) Bot hit ar ladyes innoȝe
'But there are ladies enough'

(Sir Gawayne and the Grene Knyght 1251)

（しかし十分な数の女性たちがいる）

つまり，it が，there と同様に，焦点となる語句を導入する方策の一つとして利用された可能性があるということです（第3章参照）。すなわち，文頭に後方照応的な代名詞を出すことによって，より重要な意味を持つ語句が後続することを予測させるという方法です。すると，(1a) では，「それがより良いのです，あなたがもう少し長くいることが」，(1c) では，「それはジョンなんです，その秘密を漏らしたのは」（各下線部が焦点を表します）と解釈できます。これは，there 構文 (there is a book on the desk.「（そこに）本があります，机の上に」) と平行した用法になっていることがわかると思います。なお，(7) に見られるように，古英語期に hit の代わりにさらに指示性の強い þæt を用いた構文が使われていたことも興味深い現象です。

(7) Þæt wæs on þone Monandæg æfter Sancta Marian
that was on the Monday after St Mary's
mæsse þæt Godwine mid his scipum to Suðgeweorce
mass that Godwine with his ships to Southwark

(ii) a. *Es* ist ein Gott. (=There is a God.)
　　b. *Es* regnet. (=It rains.)

becom.

came (ChronC 1052.61)

（ゴッドウィンがサウスワークに船で来たのは聖マリア祭の後の月曜日だった）

　では，(1b) と (1d) はいかがでしょうか。これまでもたびたび触れましたが，存在の BE 動詞は文法化の結果，意味が希薄化した連結詞へと変化したと考えられます。その結果，(1a) と (1c) では BE の補部の位置に焦点が当たるわけです。一方，(1b) と (1d) は一般動詞で，意味の希薄化はなく，動詞自体に焦点が置かれるため，(1b) では，「私にはそう思えるのです，彼らが明日到着すると」という意味になり，(1d) では，「たくさん雪が降るんです，日本の北の地方では」という解釈が可能となるというわけです。なお，虚辞 it の焦点要素導入の手段という考え方は，(8) のドイツ語の例からも裏付けられます。

(8) a. *Es* klopft an der Tür.（ドアを叩く音がする！）
　　　 it knocks on the door
　　b. *Es* brennt.（火事だ！）
　　　 it burns

すなわち，es（英語の it に当たります）により動詞に焦点を当てることが可能になるわけです。

　こうした虚辞 it の文法化の過程を図示すると (9) となります。

(9) 虚辞 it の文法化

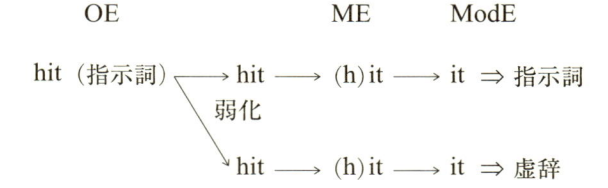

```
           OE                  ME         ModE
  hit（指示詞）─┬─→ hit ─→ (h)it ─→ it ⇒ 指示詞
              │   弱化
              │
              └─→ hit ─→ (h)it ─→ it ⇒ 虚辞
```

つまり，指示詞 hit の弱化により，虚辞の it が文法化されたわけですが，すでに古英語にも虚辞の hit が確認されている点にも注意が必要です。実は，(9) の虚辞の文法化には，構造的には，二つの段階が想定できます。最初は古英語期（またはそれ以前）に hit の指示性が弱化し，焦点要素導入の文脈で用いられるようになったと考えられ，特に，(10) に示す自然現象を表す用法では，実際には古英語でも hit があるのが標準的で，(2a) のような主語の無い文はまれでした。

(10) *hit* swa swiðe *rinde* (= it rained very much)
　　　it　so　much　rained　　　　　　　(Or 6 13.141.14)
　　（雨がとてもたくさん降った）

再度の文法化は，中英語後期と考えられ，名詞の格の水平化により，格形態で名詞の機能（主語や目的語等）を明示することが困難となり，構造的な認可のシステム（IP の指定部に主語がくる等）に変わり，虚辞の it が非人称構文の中で義務化されたものと考えられます。こうした 2 段階の虚辞化の構造的変化は，(11) と想定されます。

(11) 虚辞 it の構造変化
  a. 連結詞 BE 構文 ((1a), (1c))
   [$_{CopP}$ hit [$_{Cop'}$ be$_i$ [$_{VP}$ AdjP/NP [$_{CP}$ ...] t_i]]] > [$_{IP}$ it [$_{I'}$ be ...]]
  b. it 付き非人称構文 ((1b), (1d))
   [$_{CP}$ hit [$_{C'}$ V$_i$ [$_{VP}$ ([$_{CP}$ ...]) t_i]]] > [$_{IP}$ it [$_{I'}$ V ...]]

 (11a) は，(1a) や (1c) の連結詞 BE のある構文の発達過程です．古英語において，hit は CopP（連結詞句）の指定部に生じ，形容詞句や名詞句に焦点を当てる構造を作り上げ，中英語後期には，IP の指定部に再分析され，義務的主語になったと考えられます．

 一方，(11b) は，be 以外の動詞がくる場合を想定し，古英語期では，hit が CP の指定部にあり，焦点が V にくる情報構造を作り上げていたと考えられます．中英語後期になると，(11a) と同様に，hit は IP の指定部として再分析され，義務的主語となり，主語の無い非人称構文が消失したと説明できるわけです．

第 15 章

文法化と言語進化

1. はじめに

　本書では，英語の 13 の文法化現象を中心に検討してきました。いずれも，これまでは，独立した文法変化として説明されることが多く，その共通性にはあまり着目されていませんでした。しかしながら，本書をここまでお読みになった皆さんには，英語のさまざまな文法現象が一定の方向へと変化していることがわかっていただけたのではないでしょうか。一つ一つの現象は確かに独立したものですが，大きな川の流れのようなものがその底に存在します。本章では，その謎について，ことばの進化の視点から取り組んでみたいと思います。

2. 英語の多様な文法化

　では，まず，これまで見てきた文法化の現象をまとめてみたい

と思います。

(1) 冠詞の文法化
a. 不定冠詞の文法化

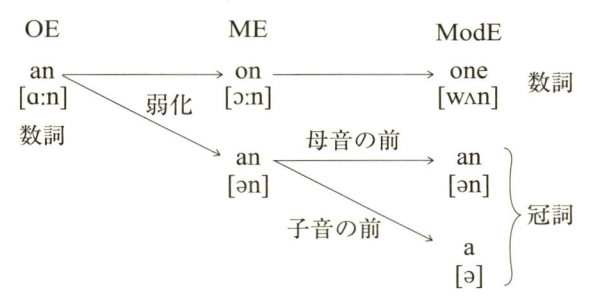

```
   OE              ME                    ModE
   an    ──────→   on    ──────────→    one        数詞
   [ɑ:n]    弱化    [ɔ:n]                 [wʌn]
   数詞       ╲
              ╲          母音の前
               →  an  ──────────→    an
                  [ən]                 [ən]    ⎫
                        子音の前                 ⎬ 冠詞
                              ──────→    a     ⎭
                                         [ə]
```

b. 定冠詞の文法化

```
   OE                    ME              ModE
   se/seo/þæt  ──────→   þæt  ──────→   that         指示詞
   指示詞         弱化
              ╲
               →  þe  ──────→  the   母音の前
                                    ──────→ the [ði]  ⎫
                                    子音の前            ⎬ 冠詞
                                    ──────→ the [ðə]  ⎭
```

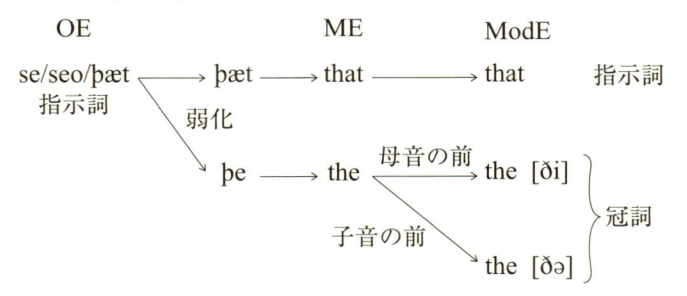

(2) 虚辞 there の文法化

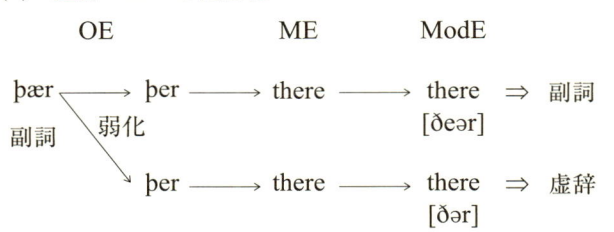

```
           OE            ME              ModE
   þær  ──────→  þer  ──────→  there  ──────→  there    ⇒ 副詞
   副詞     弱化                                 [ðeər]
              ╲
               →  þer  ──────→  there  ──────→  there   ⇒ 虚辞
                                                 [ðər]
```

(3) 所有格標識 -'s の文法化

```
              OE              ME           ModE
             -es  ──────→  -es  ──────→  φ
                    弱化
属格語尾
                  ↘  -es  ──────→  -'s  ⇒  所有標識
```

(4) 接続詞の文法化

a. now の文法化

```
   OE              ME              ModE
nu（副詞）──────→ now         ──────→ now  ⇒  副詞
              ↘ now (that) ──────→ now  ⇒  接続詞
```

b. when の文法化

```
      OE              ME              ModE
hwæn（副詞）──────→ whan        ──────→ when  ⇒  副詞
                 ↘ whan (that)──────→ when  ⇒  接続詞
```

c. while の文法化

```
   OE              ME              ModE
hwil（名詞）──────→ while        ──────→ while  ⇒  名詞
              ↘ while (that) ──────→ while  ⇒  接続詞
```

d. after の文法化

```
        OE                OE              ME              ModE
æfter（前置詞）──────→ æfter         → after      → after  ⇒  前置詞
                  ↘ æfter þæm (þe) → after (that) → after  ⇒  接続詞
```

e. that の文法化

```
              OE                         ME      ModE
þæt（指示詞）──────→   þæt         → that → that ⇒ 指示詞
           ↘
             þæt þe > þætte → that → that ⇒ 接続詞
```

(5) 関係代名詞の文法化
a. that の文法化

```
              OE                              ME    ModE
se, seo, þæt ──────→    þæt              → that → that ⇒ 指示詞
         ↓弱化
  指示詞
         ↘ þæt (þe) > þæt(te) > that → that → that ⇒ 関係代名詞
```

b. who の文法化

```
  OE          ME              ModE
hwa ──────→ who          ─────→ who ⇒ 疑問詞
         ↘
  疑問詞    弱化
         ↘ who (that) ─────→ who ⇒ 関係代名詞
```

(6) 再帰代名詞の文法化

```
       OE                    ME              ModE
名詞 + self（強意形）──→ 代名詞 + self → ONESELF ⇒ 強意形
         ↓弱化
         ↘ 代名詞 + self → ONESELF ⇒ 照応形
```

第15章 文法化と言語進化

(7) **助動詞 DO の文法化**

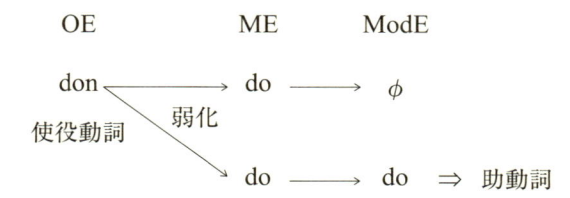

```
       OE              ME          ModE
      don ─────────→ do ─────→ φ
           ╲ 弱化
   使役動詞   ╲
               ╲→ do ─────→ do  ⇒ 助動詞
```

(8) **法助動詞の文法化**

a. **may の文法化**

```
           OE              ME      ModE
      magan ─→ magan ─→ may ─→ φ
      身体的能力  能力
                許可      may → may 許可      ⎫
                可能性    may → may 可能性    ⎬ ⇒ 助動詞
                接続法代用 may → may 接続法代用 ⎭
```

b. **can の文法化**

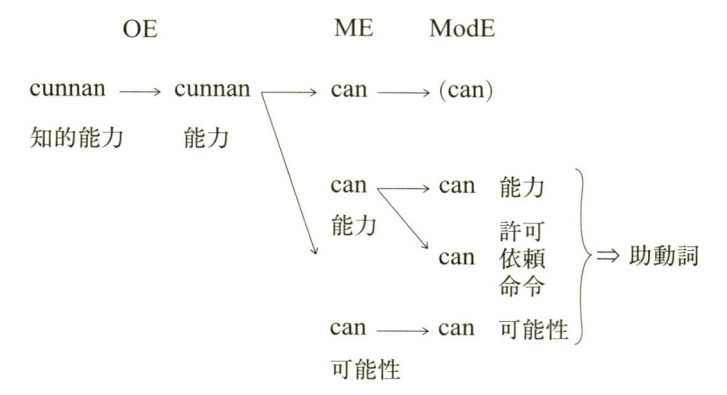

```
           OE              ME      ModE
      cunnan ─→ cunnan ─→ can ─→ (can)
      知的能力    能力
                       can  ─→ can  能力    ⎫
                       能力    ↘            ⎪
                                can  許可    ⎬ ⇒ 助動詞
                                     依頼    ⎪
                                     命令    ⎪
                       can  ─→ can  可能性  ⎭
                       可能性
```

c. will の文法化

```
OE                    ME       ModE
willan  ⟶  will  ⟶  will  ⟶  (will)
願望       願望・意志
                      will  ⟶  will   意志  ⎫
                      意志      will   依頼, 命令 ⎬ ⇒ 助動詞
                      will  ⟶  will   推量  ⎭
                      推量
```

(9) 不定詞の文法化

a. 不定詞標識 to の文法化

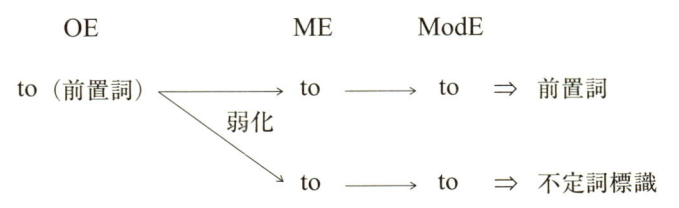

```
        OE            ME         ModE
   to（前置詞）  ⟶   to    ⟶    to    ⇒  前置詞
                弱化
                     to    ⟶    to    ⇒  不定詞標識
```

b. be going to の文法化

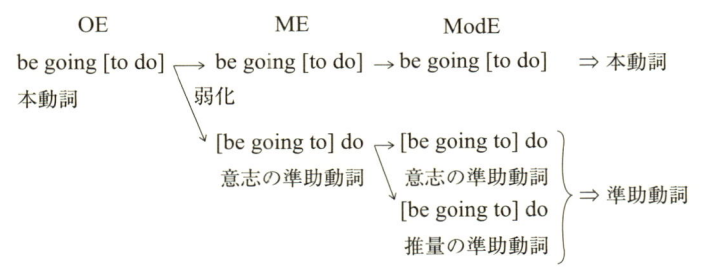

```
        OE                ME                ModE
be going [to do]  ⟶  be going [to do]  ⟶  be going [to do]  ⇒ 本動詞
本動詞             弱化
                     [be going to] do  ⟶  [be going to] do  ⎫
                     意志の準助動詞       意志の準助動詞     ⎬ ⇒ 準助動詞
                                          [be going to] do   ⎪
                                          推量の準助動詞     ⎭
```

c. have to の文法化

```
        OE                ME                ModE
have NP [to do]  ──→  have NP [to do]  →  have NP [to do]    ⇒ 本動詞
本動詞                 弱化
                    ↘
                     [have to] do NP  ┐  [have to] do NP  ┐
                     義務の準助動詞    │  義務の準助動詞    │
                                      │  [have to] do NP  ├ ⇒ 準助動詞
                                      ┘  推量の準助動詞    ┘
```

(10) **進行形の文法化**

```
Before OE              OE                  ME, ModE
be + 現在分詞  ──→  be + 現在分詞  ────→  be + 現在分詞  ⇒ 存在表現
存在動詞             弱化
                  ↘
                    be + 現在分詞  ────→  be + 現在分詞  ⇒ コピュラ文
                    連結詞                 弱化
                                        ↘
                                          be + 現在分詞  ⇒ 進行形
                                          助動詞
```

(11) **完了形の文法化**

a. have 完了形の文法化

```
        OE                 ME                  ModE
have + NP + pp  ──→  have + NP + pp  ──→  have + NP + pp  ⇒ 使役構文
所有動詞              弱化
                   ↘
                     have + pp + NP  ──→  have + pp + NP  ⇒ 完了形
                     助動詞 本動詞
```

b. be 完了形の文法化

Before OE　　OE　　　　ME　　　　　ModE

be + pp ⟶ be + pp ⟶ be + pp ⟶　φ
存在動詞　＼弱化
　　　　　　↘be + pp ⟶ be + pp ⟶ be + pp ⇒ コピュラ文
　　　　　　　連結詞　＼弱化
　　　　　　　　　　　　↘be + pp ⟶ *have* + pp ⇒ have 完了形
　　　　　　　　　　　　　助動詞　本動詞

(12)　**BE 受動態の文法化**

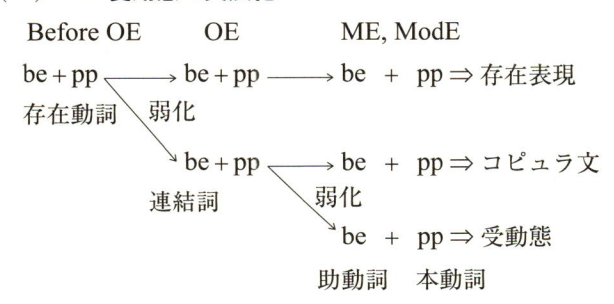

　　Before OE　　OE　　　ME, ModE

be + pp ⟶ be + pp ⟶ be + pp ⇒ 存在表現
存在動詞　＼弱化
　　　　　　↘be + pp ⟶ be + pp ⇒ コピュラ文
　　　　　　　連結詞　＼弱化
　　　　　　　　　　　　↘be + pp ⇒ 受動態
　　　　　　　　　　　　　助動詞　本動詞

(13)　**虚辞 it の文法化**

　　OE　　　　　　　ME　　　　　　ModE

hit（指示詞）⟶ hit ⟶ (h)it ⟶ it ⇒ 指示詞
　　　　　＼弱化
　　　　　　↘hit ⟶ (h)it ⟶ it ⇒ 虚辞

さて，それぞれの文法化を比較して観察してみると，大きく三つのタイプに分けられます。一つ目は，本来の意味が希薄化し，音

的にも弱化し機能語となるもの（数詞＞冠詞（a(n)），指示詞＞冠詞（the），副詞＞虚辞（there），指示詞＞接続詞（that），指示詞＞関係代名詞（that），疑問詞＞関係代名詞（who），名詞＞再帰代名詞（oneself），動詞＞助動詞（do），前置詞＞不定詞標識（to），動詞＞進行相標識（be），動詞＞完了相標識（be, have），動詞＞受動態標識（be），指示詞＞虚辞（it）），二つ目は，意味を保持しながら機能語となるもの（副詞＞接続詞（nowやwhen等），名詞＞接続詞（while等），前置詞＞接続詞（after等），動詞＞助動詞（may, can等）），三つ目は，屈折語尾＞不変化詞（-'s）になったものです。いずれも，最終的には機能語としての役割を担うわけですが，その過程は一様ではなく，多様な道筋が存在します。しかし，実は，これも文法化を捉える一側面で，異なる角度から光を当てることが可能です。その可能性を指摘したのが，van Kemenade (1999), van Gelderen (1993, 2004, 2011), Roberts (2007), Roberts and Roussou (2003), Osawa (2003) 等の一連の生成文法に基づく構造的視点からの研究です。次節では，彼らの知見と筆者の研究成果を合わせ，本書で扱った文法化の構造的変化について考えてみたいと思います。

3. 文法化と構造変化

　各文法化の現象を，構造的視点から観察すると下記のとおりとなります。

第15章 文法化と言語進化

(14) 冠詞の構造変化

    a. 不定冠詞

        [$_{NP}$ an [$_{NP}$ book]] > [$_{DP}$ a [$_{NP}$ book]]

    b. 定冠詞

        [$_{NP}$ þe [$_{NP}$ book]] > [$_{DP}$ the [$_{NP}$ book]]

(15) 虚辞 there 構文の構造変化

    [$_{VP}$ there [$_{VP}$ NP be]] > [$_{CP}$ there [$_{C'}$ be$_i$ [$_{VP}$ NP t_i]]] > [$_{IP}$ there [$_{I'}$ be$_i$ [$_{VP}$ NP t_i]]]

(16) 所有格標識 -'s の構造変化

    [$_{NP}$ N + es] > [$_{DP}$ N [$_{D'}$'s]] > [$_{DP}$ N(P) [$_{D'}$'s]]

(17) 接続詞の構造変化

    a. now

        [$_{VP}$ nu [$_{VP}$ ... V ...] > [$_{CP}$ now [$_{C'}$ (that) IP]]

    b. when

        [$_{VP}$ hwæn [$_{VP}$ ... V ...] > [$_{CP}$ when [$_{C'}$ (that) IP]]

    c. while

        [$_{NP}$ [$_{NP}$ hwil [$_{CP}$ þe [$_{VP}$ ... V ...]]]] > [$_{CP}$ while [$_{C'}$ (that) IP]]

    d. after

        [$_{PP}$ [$_{P'}$ æfter [$_{NP}$ [$_{NP}$ þæm [$_{CP}$ [$_{C'}$ þe VP]]]]]] > [$_{CP}$ after [$_{C'}$ (that) IP]]

    e. that

        [$_{NP}$ [$_{NP}$ þæt [$_{CP}$ [$_{C'}$ þe VP]]]] > [$_{CP}$ [$_{C'}$ þætte VP]]

$> [_{CP} [_{C'} \text{that IP}]]$

(18) 関係代名詞の構造変化

    a. that

        NP $[_{CP} \text{þæt}_i [_{C'} (\text{þe}) [_{VP} ... t_i ... V]]] >$ NP $[_{CP} [_{C'} \text{þæt(te}) \text{ VP}]] >$ NP $[_{CP} [_{C'} \text{that IP}]]$

    b. who

        $[_{CP} \text{who}_i \text{（疑問詞）}[_{C'} \phi [_{VP} ... t_i ...]]] > [_{CP} \text{who}_i \text{（関係詞）}[_{C'} (\text{that}) [_{IP} ... t_i ...]]]$

(19) 再帰代名詞の構造変化

    $[_{NP} [_{NP} \text{one}] [_{NP/AP} \text{self}]] > [_{NP} \text{oneself}] > ([_{DP} \text{one-self}])$

(20) 助動詞 **DO** の構造変化

    $[_{VP} \text{don} [_{VP} \text{NP V}]] > [_{VP} \text{don} [_{VP} (\text{NP}) \text{V}]] > [_{IP} [_{I'} \text{do} [_{VP} \text{V}]]]$

(21) 法助動詞の構造変化

    a. may

        $[_{VP} \text{magan} [_{VP} ...]] > [_{IP} [_{I'} \text{magan} [_{VP} ...]]]$

    b. can

        $[_{VP} \text{cunnan} [_{VP} ...]] > [_{IP} [_{I'} \text{can} [_{VP} ...]]]$

    c. will

        $[_{VP} \text{willan} [_{VP} ...]] > [_{IP} [_{I'} \text{will} [_{VP} ...]]]$

第 15 章 文法化と言語進化

(22) to 不定詞の構造変化

    a. **不定詞標識の to**

        [$_{PP}$ to [$_{NP}$ V + enne]] > [$_{IP}$ [$_{I'}$ to [$_{VP}$ V]]]

    b. **be going to**

        [$_{VP}$ be going [$_{PP}$ to do]] > [$_{VP}$ be going [$_{IP}$ to do]] > [$_{IP}$ [$_{I'}$ [$_I$ be going to] [$_{VP}$ do]]]

    c. **have to**

        [$_{VP}$ have [$_{NP}$ NP [$_{PP}$ to do]]] > [$_{VP}$ have [$_{IP}$ to do NP]]] > [$_{IP}$ [$_{I'}$ [$_I$ have to] [$_{VP}$ do NP]]]

(23) 進行構文の構造変化

    [$_{VP}$ NP [$_{V'}$ be [$_{AP}$ Adj(PrP)]]] > [$_{CopP}$ NP [$_{Cop'}$ be [$_{AP}$ Adj(PrP)]]] > [$_{IP}$ NP [$_{I'}$ be [$_{VP}$ V(PrP)]]]

(24) 完了構文の構造変化

    [$_{VP}$ have [$_{SC}$ NP Adj(pp)]] > [$_{IP}$ [$_{I'}$ have [$_{VP}$ V(pp) NP]]]

(25) 受動構文の構造変化

    [$_{VP}$ NP [$_{V'}$ be [$_{AP}$ Adj(pp)]]] > [$_{CopP}$ NP [$_{Cop}$ be [$_{AP}$ Adj(pp)]]] > [$_{IP}$ NP [$_{I'}$ be [$_{VP}$ V(pp)]]]

(26) 虚辞 it 構文の構造変化

    a. **連結詞 BE 構文**

        [$_{CopP}$ hit [$_{Cop'}$ be$_i$ [$_{VP}$ AdjP/NP [$_{CP}$ ...] t_i]]] > [$_{IP}$ it [$_{I'}$ be ...]]

b. it 付き非人称構文

[$_{CP}$ hit [$_{C'}$ V$_i$ [$_{VP}$ ([$_{CP}$ ...]) t_i]]] > [$_{IP}$ it [$_{I'}$ V ...]]

さて，いかがでしょうか。実はいずれの構造変化も，機能範疇 (DP, IP, CP) への再分析として説明することが可能です。すなわち，冠詞，所有格標識 -'s，再帰代名詞は DP へと，助動詞 DO，法助動詞，準助動詞は IP へと，接続詞，関係代名詞は CP へと再分析されています。なお，BE 動詞が連結詞句（CopP）を経て IP へと再分析され，虚辞の there と it が，CP を経て，IP へと再分析されているのは興味深い点です。いずれにしても，機能範疇 (DP, IP, CP) という構造を仮定することにより，文法化の道筋が明確になったと思われます。

ではなぜ，こうした変化が，各文法項目で，同じような過程を経て生じたのでしょうか。それを考えるために，言語進化という視点が一つの可能性を拓いてくれます。

4. 言語の小進化

さて，言語の進化というと，どことなく疑わしい研究と思う人も多いかと思います。確かに，19 世紀半ば，言語の起源を見いだそうとする研究はあまりにも非科学的な議論となり，言語学の研究対象から外されてしまいました。以来，百年余り表舞台に出ることのなかった言語進化の問題が，21 世紀の現在，再び注目を集めています。また，19 世紀とは異なり，言語学はもちろん，脳科学，生物学，考古学等の研究も飛躍的に進歩し，新たな視点から

第 15 章　文法化と言語進化

の学際的な研究として確立してきています．しかしながら残念なことに，こうした言語進化の研究は，「人間だけがいかにして言語を持ったか」という点に焦点があてられ，言語の多様性や変化については進化の問題とは切り離すべきだという考え方が主流となっています．そこで，本書では，言語の進化を大進化（人間のみが獲得した言語能力の出現）と小進化（言語の変化およびその結果生じた多様性）に分け，後者を中心に議論したいと思います．

　生物の小進化とは，同一の種の中で生じる遺伝的突然変異で，たとえば，虫や魚などの保護色化やハリネズミの針やアルマジロの甲羅など外敵から身を守る術の出現などをあげることができます．実は言語の小進化もこれと同様に適応的進化と考えられます．ただし，生物の場合は，生存が適応価を決める基準となりますが，言語の場合は，情報伝達（コミュニケーション）がその適応価を決めることになります．つまり，言語の小進化では，言語接触等の外的要因や音韻変化等の内的要因によって生み出された言語の変異体が適応価の高い場合に生き残り，定着したものと考えられます．

　そこで，英語の文法化に戻って考えてみると，たとえば，屈折形態の衰退の局面で，冠詞は情報構造を明示的に示す方策として，法助動詞は接続法を明示的に示す方策として，助動詞 DO は語順を維持する方策として，生き残ったと考えることができます．なお，こうした現象を，外適応（Exaptation）という用語で説明することも可能です．外適応とは，たとえば，生物進化の側面では，もともと体温保持のために存在していた羽毛が滑空の役に立ち，それが生存の適応価を上げる効果となり，鳥類への進化に

つながったという考え方です（Gould and Vrba (1982) 参照）。Lass (1990) はこの概念を言語変化に応用し，助動詞 DO の発達も一種の外適応（もともと使役の動詞だったものが，意味を無くした存在となり，別の用途に活用された）と説明しています。本書では，その考えを一歩進め，構造もまた外適応したと主張したいと思います。

さて，3 節で見た文法化の構造変化ですが，これまで機能範疇 DP, IP, CP への再分析と説明してきました。もともと，こうした機能範疇は言語普遍的に存在していると仮定されてきましたが，近年の研究ではその多様性に注目が当たっています。本書では，簡便な記述を優先し，たとえば，do, may, have, be いずれも同じ IP の主要部としていましたが，do は AuxP（助動詞（Auxiliary）を核とする構造）の，may は ModP（法（Mood）を核とする構造）の，進行構文の be と完了構文の have は AspP（相（Aspect）を核とする構造）の，受動構文の be は VoiceP（態（Voice）を核とする構造）の主要部と考えることも可能です。すなわち，機能範疇はもともと一つの FP（Functional Projection）と考えられ，外適応の結果，さまざまな構造として具現化するというわけです。英語はその通時的変化の過程の中で，名詞や動詞の屈折形態の消失と共に，語彙範疇中心の構造から機能範疇中心の構造へと移行してきたと考えられ，その結果，冠詞，助動詞，受動態，完了形，進行形等の多様な文法を獲得したと言えるわけです。

では，ここで，もう一つの構造の外適応の例として，英語の格と語順に関する変化をあげ，説明したいと思います。

5. 英語の格と語順

　前章までの文法化現象の説明の際，しばしば英語が形態的屈折変化を失い，語順が固定化してきたことに言及してきました。しかしながら，格の消失と語順の固定化自体については，直接的な説明は行ってきませんでした。これまでの英語の通時的研究でも，この相互関係については諸説ありますが，おおむねこの二つの現象には何らかの関係があることは認識されています。本節では，両現象が，言語の小進化の一例であることを，構造の外適応という観点から論じていきます。

　さて，please という単語はよくご存知だと思います。もともとフランス語からの借用語ですが，「(人を) 喜ばせる」という他動詞として使われ始め，やがて「(人が) 喜ぶ」という自動詞の用法に拡張し，現在では丁寧さを表す副詞として広く用いられています。特に，中英語期から初期近代英語期にかけて，(27) の虚辞 it を伴う構文から (28) の you を主格主語とする人称用法へと発達します。

(27)　if it please _(仮定法現在)　you_{＜与格＞}
　　　(あなたのお気に召すならば)
(28)　if you_{＜主格＞} please
　　　(あなたが気に入るならば)

なお，(27) の虚辞の用法は，現代フランス語の s'il vous plaît と共通し，(28) の用法は現代英語でも丁寧な表現として存在します。

では、なぜこのような変化が生じたのでしょうか。こうした動詞は非人称動詞と呼ばれ、(29) に示すように、古英語・中英語には、主格主語のない形式で数多く存在し、初期近代英語までに主語を持つ構文へと推移しました（第14章も参照）。

(29) a.　him hingrode > he hungered（=he was hungry）
　　 b.　me wære betragan > it would be better for me to go

その要因としては、語順の変化（OV から VO へ）や屈折語尾の消失等があると言われていますが、なぜ、虚辞の出現と人称化という過程を経て、主語が義務化されていったかについては不明な点も多く、格の側面から再検討を行いたいと思います。

また、英語に、(30) のような二重目的語構文と与格構文の交換があることも、広く知られた事実です。

(30) a.　I gave the boy the book.
　　 b.　John gave the book to the boy.

しかし、通時的に見ると、(30b) のような与格構文は中英語以降の発達であり、古英語では (30a) の二重目的語構文のみが用いられていました。[1] 実は、これもまた、格の問題と大いに関わることであり、格の進化という視点から取り上げていきます。

---

[1] 同様な現象は現代ドイツ語にも存在し、(i) に見られるように、現代英語と同等な与格交替は生じないとされています。
　(i) a.　Ich habe dem Jungen das Buch gegeben.
　　　　 I　 have the　boy　 the book　given
　　 b.　*Ich habe das Buch an den Jungen gegeben.
　　　　 I　 have the book to the boy　　given

第 15 章 文法化と言語進化

さて,古英語では,(31) に見られるように,名詞に格変化が存在し,語順が比較的自由であったことが知られています。

(31) a. ær ðon þe   he   Gode   þone lofsang   asægde
         before   he   God-与格   the psalm-対格   said
         (彼が神に聖歌を唱える前に)

   b. þæt   he   his synna   Gode   andette
       that he   his sins-対格   God-与格   confesses
       (彼が神に自らの罪を告白すると)

しかしながら,その後,屈折語尾の消失と共に語順の固定化や不変化詞の発達が生じ,非人称構文の消失や与格構文の出現等の通時的変化に至ったと言われています。確かに機能的側面から考えると,屈折語尾の消失は語の機能を不明瞭にし,語順の固定化や不変化詞がそれを補ったと言えると思いますが,それらは決して屈折語尾の消失を補うために出現したわけではありません。それはむしろ,鳥の翼がもともとは体温保持のためにあったものが,空を飛ぶ手段として外適応されたことと似ており,もともと別の機能としてあったものが活用されたと考えることができます。以下,この外適応という進化的メカニズムが,語順の固定化や不変化詞の発達にどのように関わるかを説明します。

まず,語順の固定化についてですが,これまでもしばしば論じているように,言語の構造には,語彙投射構造 (Lexical Projection) と機能投射構造 (Functional Projection) の二つが存在します。前者は単語の意味が直接反映される構造で,動詞 give を例 (John gave Mary a present.) にあげると,(32) のような構造です。

(32) [VP John<動作主> [V′ Mary<受領者> [V′ a present<主題> gave]]]

また，屈折が豊かな言語は，こうした意味役割を形態格として具現ができ，たとえば日本語では，(33) のような格構造を持つと考えることができます。

(33) [VP ジョンが<主格> [V′ メアリーに<与格> [V′ プレゼントを<対格> あげた]]]

また，(33) は語彙投射構造 (VP) のため，表層上の項の存在は義務的でなく（文脈上明確であれば省略可能），語順も自由であると仮定することができます。古英語は比較的豊かな屈折を持ち，(33) のような語彙投射構造を保持していたと想定でき，主格主語のない非人称構文の存在や自由な語順についての説明が可能となります。また，(34) のように，こうした語彙投射構造の外側には，機能投射構造 (FP) が存在していると仮定されています。

(34) [FP [F′ [VP Tom<主格> [V′ Mary<与格> [V′ a present<対格> gave]]]]]

この FP はもともと談話的機能（疑問化，主題化，焦点化，従属構造表示等）を受け持っていたと考えられますが，(35) に見られるように，英語では屈折語尾の消失という通時的変化の中で，この FP が格表示のために外適応されたと考えることが可能です。

(35) [FP Tom [F′ gave + F<主格> [FP Mary [F′ gave + F<与格> [FP a present [F′ gave + F<対格> [VP ~~Tom~~ [V′

Mary [~~V′~~ ~~a present~~ ~~gave~~]]]]]

すなわち，屈折豊かな古英語では動詞句内にて屈折形態による格の具現化が可能でしたが，屈折の乏しい現代英語ではFP内における指定部と主要部の一致による格の認可が義務的になったというわけです。[2] こうして，主語の義務化や語順の固定化等に対してこれまで個別に行われてきた説明を，統一的に行うことが可能となります。

また，与格構文の発達ですが，(36) に示すように，もともと方向を表す副詞であった to が外適応により，名詞と融合して格表示を担う不変化詞になったと考えられます。

(36)　[FP Tom [F′ gave + F<主格> [FP a present [F′ gave + F<対格> [VP ~~Tom~~ [V′ [NP<与格> to Mary] [V′ ~~a present~~ ~~gave~~]]]]]

重要な点は，to + NP が全体として与格名詞句となっている点で，これは，(37) の属格を明示する of と同様に，to が与格を示す標識として利用されていることを示すものです。

(37)　[NP the destruction [NP<属格> of the city]]

こうして，英語は，FP および不変化詞 to の外適応により，非人称構文の消失，主語の義務化，語順の固定化，与格構文の出現等の現象が起こったと説明することが可能となるわけです。

---

[2] もう一歩進めると，(32) にある各 NP の意味役割（動作主や主題など）を可視化する方法として FP が外適応されたと言えます。

6. おわりに

　英語は，古英語から現代英語までの約 1500 年の間に，言葉として大きな変化を遂げてきました。その中には，音韻変化，形態変化，意味変化，文法変化が含まれます。こうした変化は一見独立した現象のように見えますが，実はその背後に相互を関係させる力が働いており，あたかも言葉が自ら形を変えながら環境に適応しているように見えます。

　こうした言語自体が生き残る道を探る姿は，いわゆる自己組織化（自発的秩序形成とも言われます）と見なすことが可能です。[3] 自己組織化とは雪の結晶やシマウマのゼブラ模様等が有名ですが，物理的および生物的側面ばかりでなく，たとえば，渡り鳥が作り出す飛行形態（一定の間隔で飛ぶ姿），気象現象，経済システムや社会秩序の成立などにも及びます。言語の小進化もまさにこの一例として考えられ，言語を常に動的に適応変化するメカニズムを内在する存在として説明でき，それこそ，ことばの進化を導く「見えざる手」と言えるのではないでしょうか。英語における文法化の現象はまさにその好例であり，言語変化の研究がそうした複雑な体系を科学する一つの手段になり得ることを示してくれているのです。

---

[3] 1969 年にノーベル物理学賞を受賞したマレー・ゲルマンも，その著書の中で，子供の言語発達と共に言語変化もまた，自己組織化を伴う複雑適応系の例であると述べています (Gell-Mann (1994))。

主要作品略語表

ÆCHom = Ælfric's Catholic Homilies (990-2), Thorpe, B. (ed.), 1944-6.
ÆCHom I = Ælfric's Catholic Homilies (990-2), Clemoes, P. (ed.), 1997.
ÆCHom II = Ælfric's Catholic Homilies (990-2), Godden, M. (ed.), 1979.
ÆLS = Ælfric's Lives of Saints (993-8), W. W. Skeat (ed.), 1881-1900.
AELR = Ælfred of Rievaulx's De Institutione Inclusarum (c1400), J. Ayto and A. Barratt (eds.), 1984.
AV = The Authorized Version of the English Bible (1611), 翻刻 研究社・オックスフォード版, 1985.
    Mt = Matthew
    Mk = Mark
    Lk = Luke
    Jn = John
Beo = Beowulf (8c), Fr. Klaeber (ed.), 1950. / J. Zupitza (ed.), 1959.
Bo = King Alfred's Old English Version of Boethius De Consoltione Philosophiae (9c 末), W. J. Sedgefield (ed.), 1899.
B&T = An Anglo-Saxon Dictionary, J. Bosworth and T. Northcote Toller (eds.), 1898.
Ch = Chaucer (1343-1400), F. N. Robinson (ed.), 1957.
    BD = The Book of the Duchess
    Bo = Boethius
    CT = The Canterbury Tales
    WBP = Wife of Bath's Prologue
Christ C = The Christ of Cynewulf, Albert S. Cook (ed.), 1900.
Chron = The Anglo-Saxon Chronicle (9c 末-12c 半ば), J. Earle and C.

Plummer (eds.), 1892.
CP = King Alfred's West-Saxon Version of Gregory's Pastoral Care (9c), H. Sweet (ed.), 1871.
GD = Gregory's dialogues, H. Hecht (ed.), 1900-7.
Gen = Genesis (8c), S. J. Crawford (ed.), 1922.
Lindisf = The Lindisfarne Gospels (10c), W. W. Skeat (ed.), 1871–87.
Malory = The Works of Sir Thomas Malory (1470), E. Vinaver (ed.), 1954.
NRSV = The New Revised Standard Version (1989)
OED = The Oxford English Dictionary, 2nd Edition.
Or = King Alfred's Orosius (890), J. Bately (ed.), 1980.
PChron = The Peterborough Chronicle (c1155), Cecily Clark (ed.), 1958.
Sea = The Seafarer, B. Thorpe (ed.), 1842.
Sh = Shakespeare (1564–1616), G. B. Evans (ed.), 1974.
    Hen 8 = The Famous History of the Life of Henry VIII
Sir Gawayne and the Grene Knyght, I. Gallancz (ed.), 1940.
TEV = Good News Bible: The Bible in Today's English Version (1966)
VV = Vices and Virtues (a1225), F. Holthausen (ed.), 1888.
WSG = West Saxon Gospels (c1000), MS Cambridge, Corpus Christi College 140, W. W. Skeat (ed.), 1871–87.
Wyclif = The Wycliffite Bible, J. Forshall and F. Madden (eds.), 1850.
    EV = The Early Wycliffite Bible (c1384)
    LV = The Late Wycliffite Bible (c1388)

参考文献

Algeo, John, ed. (2001) *The Cambridge History of the English Language Volume 6: English in North America*, Cambridge University Press, Cambridge.

Allen, Cynthia L. (1980) *Topics in Diachronic English Syntax*, Garland Publishing, New York.

安藤貞雄 (2002)『英語史入門』開拓社, 東京.

荒木一雄・宇賀治正朋 (1984)『英語史 IIIA』大修館書店, 東京.

Ball, Catherine, N. (1991) *The Historical Development of the It-Cleft*, Doctoral dissertation, University of Pennsylvania.

Blake, Norman, ed. (1992) *The Cambridge History of the English Language Volume 2: 1066-1476*, Cambridge University Press, Cambridge.

Breivik, Leiv Egil (1983) *Existential THERE: A Synchronic and Diachronic Study*, Department of English, University of Bergen, Bergen.

Breivik, Leiv Egil (1989) "On the Causes of Syntactic Change in English," *Language Change: Contributions to the Study of Its Causes*, ed. by Leiv Egil Breivik and Ernst Håkon Jahr, 29-69, Monton de Gruyter, New York.

Burchfield, Robert, ed. (1994) *The Cambridge History of the English Language Volume 5: English in Britain and Overseas: Origins and Development*, Cambridge University Press, Cambridge.

Déchaine, Rose-Marie and Martina Wiltschko (2002) "Deriving Reflexives," *WCCFL* 21, ed. by L. Mikkelsen and C. Potts, 77-84, Cascadilla Press, Somerville, MA.

Denison, David (1993) *English Historical Syntax*, Longman, London.

Elenbaas, Marion and Ans van Kemenade (2009) "Verb Particles and OV/VO in the History of English," *Cambridge Occasional Papers in Linguistics*, Cambridge University Press, Cambridge.

Fischer, Olga (2007) *Morphosyntactic Change*, Oxford University Press, Oxford.

Fischer, Olga, Ans van Kemenade, Willem Koopman and Wim van der Wurff, eds. (2000) *The Syntax of Early English*, Cambridge University Press, Cambridge.

Fries, C. C. (1940) "On the Development of the Structural Use of Word Order in Modern English," *Language* 16, 199-208.

Gelderen, Elly van (1993) *The Rise of Functional Categories*, John Benjamins, Amsterdam.

Gelderen, Elly van (2004) *Grammaticalization as Economy*, John Benjamins, Amsterdam.

Gelderen, Elly van (2011) *The Linguistic Cycle*, Oxford University Press, Oxford.

Gell-Mann, Murray (1994) *The Quark and the Jaguar*, Abacus, London.

Givón, T. (1979) *On Understanding Grammar*, Academic Press, New York.

Gould, Stephen Jay and Elisabeth S. Vrba (1982) "Exaptation — A Missing Term in the Science of Form," *Paleobiology* 8.1, 4-15.

橋本　功 (2005)『英語史入門』慶應義塾大学出版会, 東京.

Hogg, Richard M., ed. (1992) *The Cambridge History of the English Language Volume 1: The Beginnings to 1066*, Cambridge University Press, Cambridge.

Hopper, Paul J. and Elizabeth Closs Traugott (2003 [1993]) *Grammaticalization*, 2nd ed., Cambridge University Press, Cambridge.

家入葉子 (2007)『ベーシック英語史』ひつじ書房, 東京.

Jespersen, Otto (1909-49) *A Modern English Grammar on Historical Principles*, 7 vols, Carl Winter, Heidelberg.

Keller, Rudi (1994) *On Language Change: The Invisibile Hand in Language*, trans. Brigitte Nerlich, Routledge, London.

Kemenade, Ans van (1999) "Functional Categories, Morphosyntactic Change, Grammaticalization," *Linguistics* 37, 997-1010.

児馬　修 (1996)『ファンダメンタル英語史』ひつじ書房, 東京.

近藤健二・藤原保明 (2003)『古英語の初歩』英潮社, 東京.

Kuno, Susumu (1987) *Functional Syntax*, University of Chicago Press, Chicago.

Lass, Roger (1990) "How To Do Things With Junk: Exaptation in Language Evolution," *Journal of Linguistics* 26, 79-102.

Lass, Roger, ed. (2000) *The Cambridge History of the English Language Volume 3: 1476-1776*, Cambridge University Press, Cambridge.

Lehmann, Christian (1995[2]) *Thoughts on Grammaticalization*, Lincom Europa, Munich.

Meillet, Antoine (1912) "L'évolution des forms grammaticales," *Scientia* (Rivista di Scienza) 12, no. 26, 6.

Mitchell, Bruce (1985) *Old English Syntax*, 2 vols, Clarendon, Oxford.

Mitchell, Bruce and Fred C. Robinson (2011) *A Guide to Old English*, 8th ed., Wiley-Blackwell, Malden, MA.

水鳥喜喬・米倉 綽 (1997)『中英語の初歩』英潮社, 東京.

Mustanoja, Tauno F. (1960) *A Middle English Syntax, Parts of Speech*, Société Néophilologique, Helsinki.

Nagashima, Daisuke (1992) *A Historical Study of the Introductory There*, The Intercultural Research Institute, Kansai Gaidai University, Osaka.

Nakashima, Kunio (1981) *Studies in the Language of Sir Thomas Malory*, Nan'un Do, Tokyo.

中島文雄 (2005)『英語発達史』(改訂版), 岩波書店, 東京.

中尾俊夫 (1972)『英語史 II』大修館書店, 東京.

中尾俊夫 (1979)『英語発達史』篠崎書林, 東京.

中尾俊夫 (1983)『英語の歴史』講談社, 東京.

中尾俊夫・児馬 修 (1990)『歴史的にさぐる現代の英文法』大修館書店, 東京.

Ogura, Michiko (2001) "Verbs Used Reflexively in Old and Middle English," *Neuphilologische Mitteilungen* 102, 23-36.

小野 茂・中尾俊夫 (1980)『英語史 I』大修館書店, 東京.

小野 捷・伊藤弘之 (1993)『近代英語の発達』英潮社, 東京.

Osawa, Fuyo (2003) "Syntactic Parallels between Ontogeny and Phylogeny," *Lingua* 113.1, 3-47.

Philippi, Julia (1997) "The Rise of the Article in the German Languages," *Parameters of Morphosyntactic Change*, ed. by Ans van Kemenade and Nigel Vincent, 62-93, Cambridge University Press, Cambridge.

Quirk, R. (1951) "Expletive or Existential *there*," *London Medieval Studies*, ii, 32.

Roberts, Ian (2007) *Diachronic Syntax*, Oxford University Press, Oxford.

Roberts, Ian and Anna Roussou (2003) *Syntactic Change*, Cambridge University Press, Cambridge.

Romaine, Suzanne, ed. (1999) *The Cambridge History of the English Language Volume 4: 1776-1997*, Cambridge University Press, Cambridge.

Sweet, Henry (1953) *Anglo-Saxon Primer*, 9th ed. (rev.) N. Davis, Clarendon Press, Oxford.

Takami, Ken-ichi (2003) "A Semantic Constraint on the Benefactive Double Object Construction," *English Linguistics* 20.1, 197-224.

Taylor, Ann and Susan Pintzuk (2012) "The Effect of Information Structure on Object Position in Old English: A Pilot Study," *Information Structure and Syntactic Change in the History of English*, ed. by Anneli Meurman-Solin, Maria Jose Lopez-Cous and Bettelou Los, Cambridge University Press, Cambridge.

寺澤　盾 (2008)『英語の歴史』中公新書, 東京.

Traugott, Elizabeth Closs (1972) *A History of English Syntax*, Holt, Rinehart and Winston, New York.

Traugott, Elizabeth Closs and Bernd Heine, eds. (1991) *Approaches to Grammaticalization*, Benjamins, Amsterdam.

Traugott, Elizabeth Closs and Richard B. Dasher (2002) *Regularity in Semantic Change*, Cambridge University Press, Cambridge.

宇賀治正朋 (2000)『英語史』開拓社, 東京.

Visser, F. T. (1963-73) *An Historical Syntax of the English Language*, 4 vols, E. J. Bill, Leiden.

さらなる研究のために

第 1 章　文法化と英語
秋元実治(2014²)『増補 文法化とイディオム化』ひつじ書房，東京．
秋元実治(編)(2001)『文法化—研究と課題—』英潮社，東京．
秋元実治・保坂道雄(編)(2005)『文法化—新たな展開—』英潮社，東京．
Narrog, Heiko and Bernd Heine, eds. (2011) *The Oxford Handbook of Grammaticalization*, Oxford University Press, Oxford.
Traugott, Elizabeth Closs and Richard B. Dasher (2002) *Regularity in Semantic Change*, Cambridge University Press, Cambridge.

第 2 章　冠詞の文法化
Greenberg, Joseph H. (1978) "How Does a Language Acquire Gender Markers?" *Universals of Human Language*, vol. 3, ed. by Joseph H. Greenberg, Charles A. Ferguson and Edith A. Moravcsik, 47-82, Stanford University Press, Stanford.
Millar, Robert McColl (2000) "Some Suggestions for Explaining the Origin and Development of the Definite Article in English," *Pathways of Change, Grammaticalization in English*," ed. by Olga Fischer, Anette Rosenbach and Dieter Stein, 275-310, John Benjamins, Amsterdam.
Osawa, Fuyo (2000) "The Historical Emergence of DP in English," *English Linguistics* 17.1, 51-79.
Sommerer, Lotte (2011) *Old English se: From Demonstrative to Article. A Usage-Based Study of Nominal Determination and Category Emergence*, Doctoral dissertation, University of Vienna.

第 3 章　存在構文における there の文法化
Hosaka, Michio (1999) "On the Development of the Expletive *there* in *there + be* Construction,"『近代英語研究』第 15 号，1-28.

Makita, Yuka (2001) *A Diachronic and Synchronic Study of There-constructions: A Minimalist Approach*, Doctoral dissertation, Nagoya University.

Traugott, Elizabeth Closs (1992) "Syntax," *The Cambridge History of the English Language, volume 1*, Cambridge University Press, Cambridge.

第4章　所有格の標識 -'s の文法化

Allen, Cinthia, L. (2008) *Genitive in Early English*, Oxford University Press, Oxford.

Haspelmath, Martin (1999) "Explaining Article-Possessor Complementarity: Economic Motivation in Noun Phrase Syntax," *Language* 75, 227-243.

Janda, Richard D. (1980) On the Decline of Declensional Systems: The Overall Loss of OE Nominal Case Inflections and the ME Reanalysis of -*es* as *his*," *Papers from the 4th International Conference on Historical Linguistics*, ed. by Elizabeth C. Traugott, Revecca Labrum and Susan Sheperd, 243-253, John Benjamins, Amsterdam.

Rosenbach, Anette (2004) "The English S-genitive: A Case of Degrammaticalization?" *Up and Down the Cline: The Nature of Grammaticalization*, ed. by Olga Fischer, Muriel Norde and Harry Perridon, 73-96, John Benjamins, Amsterdam.

第5章　接続詞の文法化

Hosaka, Michio (2010a) "The Rise of Subordinators in the History of English: The Riddle of the Subordinator *when*," *Aspects of the History of English Language and Literature*, ed. by Osamu Imahayashi, Yoshiyuki Nakao and Michiko Ogura, 321-330, Peter Lang, Frankfurt am Main.

Hosaka, Michio (2010b) "The Rise of the Complementizer *that* in the History of English," *Language Change and Variation from Old English to Late Modern English*, ed. by Merja Kytë, John Scahill and Harumi Tanabe, 59-78, Peter Lang, Frankfurt am Main.

第6章　関係代名詞の文法化

Gelderen, Elly van (2004) *Grammaticalization as Economy*, John Benjamins, Amsterdam.

Hosaka, Michio (2009) "The Emergence of CP," *English Linguistics* 26.2, 476-496.

第7章　再帰代名詞の文法化

Gelderen, Elly van (2000) *A History of English Reflexive Pronouns*, John Benjamins, Amsterdam.

保坂道雄 (2005)「文法化と適応的言語進化」『文法化―新たな展開―』秋元実治・保坂道雄(編), 141-168, 英潮社, 東京.

Ogura, Michiko (1989) *Verbs with the Reflexive Pronoun and Constructions with Self in Old and Early Middle English*, D. S. Brewer, Cambridge.

第8章　助動詞 DO の文法化

Ellegård, A. (1953) *The Auxiliary Do: The Establishment and Regulation of Its Use in English*, Almqvist & Wiksell, Stockholm.

保坂道雄 (1996)「英語史研究における Helsinki Corpus の役割」『英語コーパス研究』第3号, 27-44.

保坂道雄 (1996)「助動詞 "DO" の起源について」『英文学論叢』第44巻, 193-209.

Kroch, A. S. (1989) "Function and Grammar in the History of English: Periphrastic *Do*," *Language Change and Variation*, ed. by R. W. Fasold and D. Schiffrin, 133-172, John Benjamins, Amsterdam.

中尾祐治・天野政千代(編) (1994)『助動詞 Do―起源・発達・機能』英潮社, 東京.

Poussa, P. (1990) "A Contact-universals Origin for Periphrastic *Do*, with Special Consideration of Old English—Celic Contact," *Papers from the 5th International Conference on English Historical Linguistics*, 407-434, John Benjamins, Amsterdam.

Rissanen, M. (1991) "Spoken Language and the History of *Do*-periphrasis," *Historical English Syntax*, ed. by D. Kastovsky, 321-

342, Mouton de Gruyter, New York.

第9章　法助動詞の文法化

Kemenade, A. van (1992) "Structural Factors in the History of English Modals," *History of Englishes: New Methods and Interpretations in Historical Linguistics*, ed. by M. Rissanen, Mouton de Gruyter, Berlin.

Krug, Manfred G. (2000) *Emerging English Modals*, Mouton de Gruyter, New York.

Roberts, I. (1985) "Agreement Parameters and the Development of English Modal Auxiliaries," *Natural Language and Linguistic Theory* 3, 21-58.

Traugott, Elizabeth C. (1989) "On the Rise of Epistemic Meanings in English: An Example of Subjectification in Semantic Change," *Language* 65.1, 31-55.

Warner, Anthony R. (1993) *English Auxiliaries*, Cambridge University Press, Cambridge.

第10章　不定詞標識 to の文法化と準助動詞の発達

Danchev, A. and M. Kytö (1994) "The Construction *be going to* + *infinitive* in Early Modern English," *Studies in Early Modern English*, ed. by D. Kastovsky, 59-77, Mouton de Gruyter, New York.

De Smet, Hendrik (2010) "Grammatical Interference: Subject Marker *for* and the Phrasal Verb Particles *out* and *forth*," *Gradience, Gradualness and Grammaticalization*, ed. by Elizabeth Closs Traugott and Gaeme Trousdale, 75-104, John Benjamins, Amsterdam.

Disney, Stephen J. (2009) "The Grammaticalization of "Be Going To"," *Newcastle Working Papers in Linguistics* 15, 63-81.

Fischer, Olga (1994) "The Development of Quasi-Auxiliaries in English and Changes in Word Order," *Neophlologus* 78, 137-164.

Fischer, Olga (2000) "Grammaticalisation: Unidirectional, Non-reversable? The Case of *to* before the Infinitive in English," *Pathways of Change: Grammaticalization in English*, ed. by Olga Fischer, A.

Rosenbach and D. Stein, 149-169, John Benjamins, Amsterdam.

Lęck, Andrezej M. (2010) *Grammaticalisation Paths of* Have *in English*, Peter Lang, Frankfurt am Main.

Los, Bettelou (2005) *The Rise of the To-infinitive*, Oxford University Press, Oxford.

Pertejo, P. N. (1999) "*Be going to* + Infinitive: Origin and Development," *Studia Neophilologica* 71, 135-142.

Tanaka, Tomoyuki (2007) "The Rise of Lexical Subjects in English Infinitives," *Journal of Comparative Germanic Linguistics* 10, 25-67.

田中智之 (2013)「不定詞標識 to の(脱)文法化について」『言語変化——動機とメカニズム——』, 中野弘三・田中智之(編), 159-174, 開拓社, 東京.

第11章 進行形の文法化

Elsness, J. (1994) "On the Progression of the Progressive in Early Modern English," *ICAME* 18, 5-25.

Gaaf, W. van der (1930) "Some Notes on the History of the Progressive Form," *Neophilologus* 15, 201-215.

Pertejo, Paloma N. (2004) "Some Developments in the Semantics of the English Progressive from Old English to Early Modern English," *Revista Estudios Ingleses* 17, 6-39.

Smith, K. Aaron (2007) "The Development of the English Progressive," *Journal of Germanic Linguistics* 19.3, 205-241.

第12章 完了形の文法化

Carey, Kathleen (1994) "The Grammaticalization of the Perfect in Old English: An Account Based on Pragmatics and Metaphor," *Perspectives on Grammaticalization*, ed. by William Pagliuca, 103-133, John Benjamins, Amsterdam.

De Acosta, Diego (2012) "The Old English *Have*-Perfect and Its Congeners," *Journal of English Linguistics* 41.1, 33-64.

Elsness, Johan (1997) *The Perfect and Preterite in Contemporary and*

Earlier English, Mouton de Gruyter, New York.
Lęck, Andrezej M. (2010) *Grammaticalisation Paths of* Have *in English*, Peter Lang, Frankfurt am Main.
Wischer, Ilse (2002) "The HAVE-'Perfect' in Old English," *New Perspectives on English Historical Linguistics*, ed. by Christian Kay, Simon Horobin and Jeremy Smith, 243–255, John Benjamins, Amsterdam.
Wischer, Ilse (2007) "The Grammaticalization of the Perfect in the History of English," *PASE Studies in Linguistics*, ed. by Piotr Stalmaszczyk and Iwona Witczak-Plisiecka, 7–17, Lodz University Press, Lodz.

第 13 章　受動態の文法化
Allen, Cynthia L. (1995) *Case Marking and Reanalysis: Grammatical Relations from Old to Early Modern English*, Oxford University Press, Oxford.
Toyota, Junichi (2008) *Diachronic Change in the English Passive*, Palgrave Macmillan, Basingstoke.

第 14 章　形式主語 it の文法化
Hosaka, Michio (2013) "Diachronic Approach to Cleft Constructions in English," *Phases of the History of English*, ed. by Michio Hosaka, Michiko Ogura, Hironori Suzuki and Akinobu Tani, 197–210, Peter Lang, Frankfurt am Main.
Patten, Amanda L. (2010) "Grammaticalization and the *It*-Cleft Construction," *Gradience, Gradualness and Grammaticalization*, ed. by Elizabeth Closs Traugott and Graeme Trousadale, 221–243, John Benjamins, Amsterdam.
Patten, Amanda L. (2012) *The English It-Cleft*, Mouton de Gruyter, Berlin.

第 15 章　文法化と言語進化
保坂道雄 (2011)「言語変化と言語進化」『日本語学』11 月号．34-42.

保坂道雄 (2013)「二重目的語構文再考」『生成言語研究の現在』, 池内正幸・郷路拓也(編), 67-93, ひつじ書房, 東京.

Hosaka, Michio (2014) "Dynamic Change of Language Structure: Focusing on Word Order Change in the History of English," *Studies in Modern English: The Thirtieth Anniversary Publication of the Modern English Association*, ed. by Ken Nakagawa, 135-151, Eihōsha, Tokyo.

Steels, Luc (2011) "Self-organization and Selection in Cultural Language Evolution," *Experiments in Cultural Language Evolution*, ed. by Luc Steels, John Benjamins, Amsterdam.

索　引

1. 日本語はアイウエオ順で，アルファベットで始まるものはABC順で最後に一括して並べている。
2. ～は見出し語を代用する。
3. 数字はページ数を示す。

[あ行]

曖昧性　39, 73, 92
アダム・スミス　10
アポストロフィー　30
アングロ・サクソン人　8
イギリス英語　97
意志　77-78, 85, 94-96, 143
イストリア・ルーマニア語　3
一時的　101, 103-106, 109
一方向性　2-3, 7, 33, 78
遺伝的突然変異　151
異分析　14-15
意味構造　86
意味残存型文法化　44, 57, 86
意味の希薄化　24-25, 72, 125, 135
意味変化　3-4, 46, 78, 81, 84-85, 109, 158
意味役割　86, 116, 156-157
依頼　76-78, 84-85, 142-143
因果関係　46-47

印刷術の導入　8
インド・ヨーロッパ語族　64
韻文　72
韻律　72
ウィクリフ　23
迂言的方法　34
永続的　101, 103-104, 109
音韻的弱化　24
音韻変化　151, 158

[か行]

外適応（Exaptation）　151-153, 155-157
外的要因　151
格
　　主格　15, 29-31, 33, 126, 153-154, 156-157
　　与格　30-31, 33, 47, 88, 91-92, 125-128, 154-157
　　対格　17, 30-31, 41, 45, 52, 92,

112, 126, 155-157
　属格　17, 30-35, 140, 157
　所有格　29-30, 32-34, 140, 147, 150
　目的格　29-30
　〜構造　156
　〜の消失　33, 153
　〜の水平化　34, 127, 136
　〜の認可　157
　〜変化　15
過去形　60, 72-73, 110-111
過去分詞（pp）　112-113, 116, 121-123
学校文法　16, 55, 130
仮定法　75, 153
可能性
　客観的〜　82
　主観的〜　82
関係詞　6, 55-57, 132, 148
関係代名詞　49-57, 128, 132, 141, 146, 148, 150
　who　49, 55-57, 141, 146, 148
　which　49, 55
　what　49
　that　6, 49, 51, 54-57, 141, 146, 148
間主観化　3
間主観的　3
冠詞
　定〜　14-16, 25, 139, 147
　不定〜　12-14, 16, 25, 139, 147
　無〜　12, 14
間接受動態　125

間接目的語　30, 92, 125-128
完了形　3, 110-117, 121, 123, 144-145, 152
　BE〜　112-113, 116-117, 145
　HAVE〜　112, 114, 117, 144-145
完了相　3, 117, 146
祈願　76, 78, 83
機能的曖昧性　39
機能的統語論　127
機能投射構造（Functional Projection, FP）　27, 92, 152, 155-157
機能範疇
　CP　6-7, 27, 44-45, 47-48, 52-53, 55-57, 92, 137, 150, 152
　DP　5-7, 16, 27, 33-35, 66, 150, 152
　IP　5-7, 27, 72-73, 81, 84-86, 90, 92, 96, 100, 108, 116-118, 125, 136-137, 150, 152
疑問化　156
疑問詞　55-57, 141, 146, 148
疑問副詞　44
疑問文　20-21, 23, 56, 67, 68-70, 72, 76
客観的　75-76
客観的義務意識　97
旧情報　17-18
強意語　59, 63, 69
強調構文　130
強変化　31
許可　76, 78, 81-82, 84, 86, 142

虚辞 (expletive)
  虚辞 there 22-25, 28, 139, 146-147, 150
  虚辞 it 133, 135-137, 145-146, 149-150, 153-154
近接未来 95
欽定訳聖書 (The Authorized Version of the English Bible) 8
句構造 4, 16
屈折語尾 2, 19, 32-33, 83, 86, 146
  〜の消失 16-17, 25, 85, 89, 91, 124, 154-156
  〜の衰退 18
屈折接辞 2, 33-34
屈折変化 15, 75, 121, 124, 153
群属格 (Group Genitive) 32
経済性 10
形式語 22
形態格 33, 92, 156
形態的重複 117
形態的曖昧性 73
ゲルマン語 17, 121, 124
ゲルマン人 15
言語獲得 10
言語接触 10, 151
語彙投射構造 (Lexcial Projection) 155-156
語彙範疇 7, 152
後方照応 134
項構造 86, 127
ゴート語 17
国富論 10

語順 18-19, 25, 34-35, 39, 69-70, 72, 125-126, 151-153, 155-156
  〜の固定化 16, 18, 25, 69, 153, 155, 157
  〜の圧力 127
  〜の変化 34, 99, 154
語用論的含意 78, 81
語用論的推論 46, 81, 85
言語進化 138, 150-151

[さ行]

再帰構文 64-65
再帰代名詞 58-60, 62-65, 141, 146, 148, 150
再帰動詞 60, 64-65
再分析 10, 27, 33, 35, 42, 44-45, 48, 52, 54, 56, 66, 72-73, 84-85, 89-90, 92-94, 96, 99-100, 116, 137, 150, 152
サリンジャー 32
使役 71-73, 114, 144, 152
使役・知覚構文 87
使役動詞 70
  do 70-72, 142
  have 71
  let 73
  make 71, 73
自己組織化 158
指示詞 3, 14-16, 18-19, 24, 34-35, 42, 47-48, 50-51, 53-55, 66, 136, 139, 141, 145-146
指示代名詞 37, 47-48, 51

指定部（Specifier） 4-6, 27, 33, 44, 48, 52-53, 56-57, 92, 136-137
指定部と主要部の一致 157
自動詞 60, 103, 113, 153
自動詞構文 65
自発的秩序形成 158
弱変化 31
主の祈り 8
主観化（Subjectification） 3-4, 82, 96
主観的 3-4, 46, 75, 78
主観的義務意識 97
主語 7, 20-21, 25, 27, 29-30, 59, 68, 70-71, 78, 89, 91-92, 95, 115-116, 125-127, 130-133, 136-137, 154
　仮〜 130
　形式〜 129-131, 133
　主格〜 153-154, 156
　真〜 130
　〜性 26
　〜の義務化 157
　〜の視点 78-79, 81
主題 18, 127, 157
主題化 156
主要部（Head） 4-7, 33-35, 44, 48, 53, 55-56, 72-73, 81, 84, 90, 92, 96, 100, 108, 116-118, 125, 152
受身 114
受動構文 65, 149, 152
受動進行形 105
受動態 95, 117, 119-125, 127, 145-146, 152

　屈折〜 120-122, 124
　beon〜 120-122
　weorþan〜 121-122
　間接〜 125
受領者 127-128, 156
従属構造 37-39, 42, 51, 156
従属節 36-37, 42
縮約記号 30
準助動詞 87, 93, 100
　be able to 93, 100
　be going to 93-96
　have to 93, 97-99
　ought to 93, 100
　used to 93, 100
状態受動 122
状態動詞 95
助動詞 DO 67-73, 142, 148, 150-152
叙述 108
小進化 150-151, 153, 158
焦点 18, 27, 36, 132, 134-137, 151
焦点化 156
照応形 63-64, 141
情報構造 16-19, 25, 137, 151
情報伝達 151
譲歩 46, 76, 78
自立語 2, 7
心的態度 75-76, 78, 85
新情報 17-18, 25-26
進化的メカニズム 155
進行形 3, 101-103, 105-106, 108-109, 117-118, 121, 123, 144, 152
進行相 3, 106, 108, 146

推量　77-78, 85, 94-97, 99, 143-144
遂行　114
数の一致　20, 27
数詞　13-14, 16, 18-19, 24, 139, 146
生成文法　4, 16, 27, 48, 58, 146
生物進化　151
聖書　8, 23, 107, 115
接語　2, 33
接辞　2
接続詞　2, 5, 36-39, 41, 43-45, 47-48, 54-55, 86, 140-141, 146-147, 150
　等位〜　36
　従属〜　36-37
接続法　75-76, 78, 81, 83, 85, 124, 142, 151
ゼロ形態　2
先行詞　52-53, 57-58, 60, 63
線的時制（表現）　111
前置詞　33, 36, 39, 41, 47, 61, 87-92, 96, 105, 140, 143, 146
相（Aspect）　108, 152
属格接辞　32
存在（構）文　20, 25, 106, 124
　there 存在文　133
　it 存在文　133

[た行]

対照　46
対人的　3, 78, 85
対人的視点　78
態（Voice）　88, 105, 152
大進化　151
他動詞　60, 88, 112, 117, 153
多様性　151-152
単純代名詞　59-60, 63
談話　2, 156
チョーサー　23, 32, 98
直説法　75
直接目的語　30, 92, 125
通言語的現象　69
定性　3, 5
提示的機能　25
適応価　151-152
適応的進化　151
点的時制（表現）　111
ドイツ語　17, 64, 102, 133, 135, 154
同格　41, 43, 45, 47-48, 52-53, 137
動作の対象性（Target of Action）　62
動作主　127, 156-157
動作受動　122
動作動詞　95
動詞的名詞　88-89
動名詞　20-21

[な行]

内的要因　151
内容語　2-3
能力
　身体的〜　81-82, 142

知的〜　80, 84, 142
ノルマン人の英国征服 (Norman Conquest)　8

[は行]

非完結的意味　103
否定構造　69
否定の循環的変化 (Negative Cycle)　69
否定辞 (ne)　68-69, 82
否定文　67-69, 72
非人称構文　130, 132-133, 136-137, 150, 156
　〜の消失　155, 157
副詞的用法　94
複合関係代名詞　53, 132
複雑系　10
複雑適応系　158
複文構造　36
不定詞　20-21, 71, 80, 82, 87, 88-92, 94-95, 99, 143
　完了〜　90
　原形〜　87
　受動〜　88
　代〜　90
　to (付き) 〜　87-88, 90-93, 149
　分離〜　90
　〜標識　87-89, 100, 143, 146, 149
不定代名詞　55, 71
不変化詞
　to　155, 157

þe　50, 52-54
-'s　146
フランス語　3, 55, 64, 69, 102, 153
文法的語　2
文法的制約　21, 26
分離属格　32
分裂文　130-131
並列構造　37-38, 40, 42, 51
米語　97
法　74-75, 152
法助動詞　4, 74-79, 85-86, 93, 96, 124, 142, 148, 150, 151
法副詞　75
補部 (Complement)　4-7, 80, 82, 88-89, 135
補文標識 (Complementizer)　6, 42-45, 48, 52, 54-57

[ま行]

見えざる手 (invisible hand)　10, 158
無生　57
名詞
　可算〜　12, 17
　普通〜　59
命題的　3, 46, 78
命令　77-78, 85, 143
目的語　18, 25, 29, 52, 60-61, 69-72, 86, 89, 91, 99, 112-113, 116, 136
　間接〜　30, 92, 125-128
　直接〜　30, 92, 125

[や行]

有生　57
有生性　34
与格構文　92, 154-155, 157
与格受動文　126

[ら行]

ラテン語　3
利益の与格　128
ルーン文字　15
歴史言語学　1, 10
連音　14, 43, 54
連結詞 (Copula)　106-109, 117-118, 123, 125, 135, 137, 144-145, 149-150

[わ行]

話者の視点　78

[アルファベット]

acwealdan　61
after　36, 41-42, 47-48, 140, 146-147
apparently　3-4
as follows　133
as regards　133
AspP　152
AuxP　152
be＋現在分詞　103-104, 106-107, 144
be 動詞　21, 104-106, 108, 113, 118, 121, 124-125, 135, 146, 150
building　105
CopP（連結詞句）　108, 124, 137, 149-150
cunnan　79, 84, 142, 148
dress oneself　65
Gell-Mann　158
good　91-92
habeo　3
hight　122
his 属格　30
hit　132, 134, 136-137, 145, 149-150
ille　3
magan　79, 81, 83, 142, 148
meseems　133
methinks　133
ModP　152
moment　41
nickname　14
now　36, 40, 43-44, 46, 140, 146-147
OED (*Oxford English Dictionary*)　39, 55, 82, 84, 95, 98
of 前置詞句　33
of 属格　32-35
oneself　63, 65-66, 141, 146, 148
please　153
s'il vous plaît　153
SC (Small Clause, 小節)　116, 149

self 形 (再帰)(代名詞)　60-65
Shakespeare　8
since　36, 46
te　42, 54, 141
there 構文　20, 22-24, 134, 147
tother　15, 23
þa　38-41, 50-51, 53
þætte　43, 48, 54, 141, 148
þe　15-16, 41-43, 45, 47-48, 50, 52-54, 132, 139, 140-141, 147-148
Verb Second　125
VoiceP　152
wendan　60
while　36, 40-41, 45-48, 140, 146-147
willan　79, 85, 143, 148
X バー理論　4

保坂　道雄　(ほさか　みちお)

1960 年，山梨県生まれ。1988 年，日本大学大学院文学研究科英文学専攻後期課程満期退学。1987 年，ハーバード大学言語学科客員研究生。2003-2004 年，2012 年，ハーバード大学言語学科客員研究員。現在，日本大学文理学部英文学科教授。
主な著書：『文法化―新たな展開』(共編著，英潮社，2005)，『言語の進化・変化』(共著，朝倉書店，2009)，*Phases of the History of English* (共編著，Peter Lang, 2013)。
主な論文："The Emergence of CP" (*English Linguistics* 26.2, 2009), "The Rise of Subordinators in the History of English" (*Aspects of the History of English Language and Literature*, Peter Lang, 2010), "The Rise of the Complementizer *that* in the History of English" (*Language Change and Variation from Old English to Late Modern English*, Peter Lang, 2010),「言語変化と言語進化」(『日本語学』11 月号，明治書院，2011),「二重目的語構文再考」(『生成言語学の現在』，ひつじ書房，2013)。

文法化する英語

<開拓社 言語・文化選書 47>

2014 年 10 月 20 日　第 1 版第 1 刷発行
2024 年 1 月 16 日　　　　第 3 刷発行

著作者　保坂道雄
発行者　武村哲司
印刷所　萩原印刷株式会社／日本フィニッシュ株式会社

発行所　株式会社　開拓社

〒112-0013　東京都文京区音羽 1-22-16
電話　(03) 5395-7101 (代表)
振替　00160-8-39587
http://www.kaitakusha.co.jp

© 2014 Michio Hosaka　　　ISBN978-4-7589-2547-1　C1382

JCOPY ＜出版者著作権管理機構　委託出版物＞
本書の無断複製は著作権法上での例外を除き禁じられています。複製される場合は，そのつど事前に，出版者著作権管理機構 (電話 03-5244-5088, FAX 03-5244-5089, e-mail: info@jcopy.or.jp) の許諾を得てください。